超・オフィス整理術

仕事ができる人はなぜデスクがきれいなのか

かたづけ士
小松 易
KOMATSU YASUSHI

マガジンハウス

はじめまして。

かたづけ士の小松《こまつ》 易《やすし》です。

私は多くの企業の

片づけコンサルティングを通して、

ビジネスが劇的に変わる法則を

発見しました!

◎仕事効率が良くなる

◎業績が上がる

◎残業が減る

◎ストレスが軽減する……。

次のページをめくった瞬間から、

あなたの仕事力は格段に

アップ⬆することでしょう。

はじめに

はじめまして！　私は日本初のかたづけ士、スッキリ・ラボの小松易と申します。
私はこの仕事を通して、約２０００人の方の部屋やオフィス、そしてデスクの片づけを指導させていただきました。その結果わかったことは、片づけると人生が変わるということです。仕事においては、効率がアップしたり、やる気が高まったり、ビジネスチャンスが舞い込んでくるということがごく普通に起こる、というケースをたくさん見てきました。

しかし、多くの方は、頭の中では理想の片づいたデスクやオフィスのイメージを持っていても、いざ実際の片づけはどうかというと、デスクの両端に書類を寄せて仕事のスペースをつくるとか、引出しに文房具や書類を無理矢理押し込んだりする、一時的な片づけが大半のようです。
それでは、本当の片づけとは言えないのです。

では、本当の片づけとは何でしょうか？

それは、「カタをつける片づけ」なのです。

カタをつける片づけは、あなたの仕事力を数倍アップさせ、人生を変えてくれます。

では、何にカタをつけるかと言いますと、もちろんあなたの仕事や人生にカタをつける片づけです。では、どこからカタをつけるか、それは、あなたの目の前にあるデスクを片づけることから始めるのが最適です。どのように片づけるかは、ぜひ本書をお読みください。

そして、片づけは実行あるのみです。何事も、キッカケが大切だといいますが、本書があなたにとって仕事力を格段にアップさせ、人生を変えるキッカケになれば、これ以上幸いなことはありません。

たかが片づけ、されど片づけ

この本をキッカケにあなたのデスクがスッキリきれいになって、毎日ワクワクした気持ちで仕事を始められますように！

1章 仕事と整理整頓の相関関係

2章 自分の片づけと仕事の能力を知る

3章 物を減らす 整理のテクニック

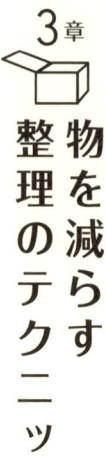

4章 機能的に整頓するテクニック

5章

かばん、パソコンも整理整頓する

6章 散らかりリバウンドしないために

カバーデザイン◎渡邊民人（TYPEFACE）
カバーイラスト◎須山奈津希
本文デザイン◎新沼寛子・小林麻実（TYPEFACE）

1章

仕事と整理整頓の相関関係

きれいなオフィスと汚いオフィス

ある会社に初めて訪れたときのこと、そこは敷地内に入る門と事務所の入口との間が駐車場と駐輪場になっている会社でした。

ところが、目の前に事務所が見えるものの、社員の通勤用の自転車やバイク、そして乗用車までがぎっしりとすし詰め状態になっていて、まるで迷路のように通路を遮っている状態でした。結局、入口にたどり着くまでに数分もかかってしまいました。

また、ある会社では入口の受付にある内線電話をかけようとしたところ、受話器を受ける溝と溝の間にはっきりと目でわかるほど、ホコリがたまっていました。

実は、これらの会社にはある共通点がありました。

それは、**社長や社員に「取引先やお客様などの外部の人から雑然とした状態を見られている」という意識がほとんどなかった**ということです。


先ほどの内線電話にホコリがたまっていた会社の社長に、私はこう尋ねました。

「社長、受付の内線電話にホコリがたまっているのはご存じですか？」

「え、そうなんですか？　全然知りませんでした」

同じ質問を社員に尋ねても同じ答えが返ってきました。

社内でだれ一人として、会社の顔とも言える受付の内線電話のホコリに気がついていなかったのです。


人によっては、「なんだ、ホコリぐらい」という方もいるかもしれません。

しかし、そのホコリが社長をはじめ、社員の意識の表れだとしたらどうでしょうか？

「一事が万事」という言葉がありますが、**ホコリに気がつかない、気にしない社員は仕事においても問題意識や改善意識が薄い**と言わざるを得ないでしょう。

逆に**ホコリのような細かいところに目を配れる人は仕事においても、細かいところに気配りができ、意識を向けることができる社員**であると言えます。

会社の汚れは、社員の意識の低さの表れであると知るべきなのです。

「気づいて」やるか、「言われて」やるか

最近の私の企業コンサルティングをする際の**キーワードは「気づく」**です。社員が結果として同じ行動をとる場合、大きく2つに分かれます。

- 一つ目は、**「言われてから行動する」**タイプ、
- もうひとつは、**「自ら気づいて行動をする」**タイプです。

気づく社員が多いかどうかについて、私は企業訪問する際、リトマス試験紙的な役割を果たす「あること」をチェックします。

そのリトマス試験紙とは、「玄関マットが乱れているかどうか」です。

そしてさらに、玄関マットが乱れていた場合、私が帰るまでに、その乱れたマットが整っているかを必ず見るようにしています。

玄関マットは常々人が通り、踏まれるためのものなので、乱れることもあると思います。

ただし、乱れた後、社員のだれかがその乱れたマットにまず気づき、そして、すぐ整える（行動する）ことができるかどうかが大きなポイントとなるのです。

会社によっては、社長が乱れにいち早く気づき、マットを自ら整えることで社員に「気づき」を促す方もいます。また、ある方は、「おい、マット乱れているぞ！　だれか直しておいてくれ！」と、つい口が先に出てしまうという社長もいます。

良い悪いはありませんが、後者の場合は、社長が言わないといつまでたっても社員が気づかないということになってしまいます。

つまり先ほどの「言われてから行動する」タイプの社員がどんどん増加してしまう

わけです。社員に気づいてもらうためには何が必要かを社長自らも気づく必要があるのではないでしょうか。

整理整頓は「余裕度」のバロメーター

私の前職である建設会社で事務職をしていたときの話です。

ある学校を建築している現場事務所に、社内監査で担当の建築部長と訪れました。現場に到着すると、現場責任者である所長が普段見せない笑顔で迎えてくれて、社内監査に必要な書類が用意されている会議室へ案内されました。私は早速書類をチェックし始めると、一緒にいたその部長はやおら煙草を吸い始めました。

10分程度時間が過ぎたときに、所長に電話が入り部屋を出たタイミングで、煙草を吸っていた部長がこんなことを言いました。

「小松君、書類のチェックも大事だけど、あの壁にかかっているカレンダーを見てごらん。もう11月なのに、まだ10月のままだよね。どう思う?」

✧会社の汚れに気づく人、気づかない人

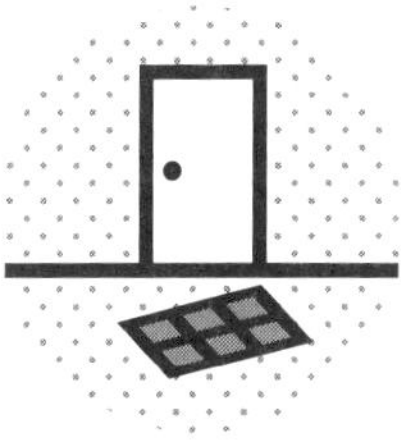

玄関マットが
乱れている

カレンダーが
前月のまま

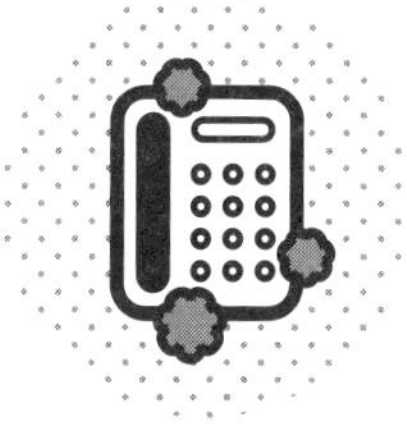

受付電話に
ホコリ

オフィスの細かいことにすぐ気づく → **オフィス内はいつもきれい**

気持ちに余裕がある → **仕事の効率もいい**

オフィスの細かいことに気づかない → **オフィス内はいつも汚れている**

気持ちに余裕がない → **仕事上で事故やトラブルに発展する可能性が**

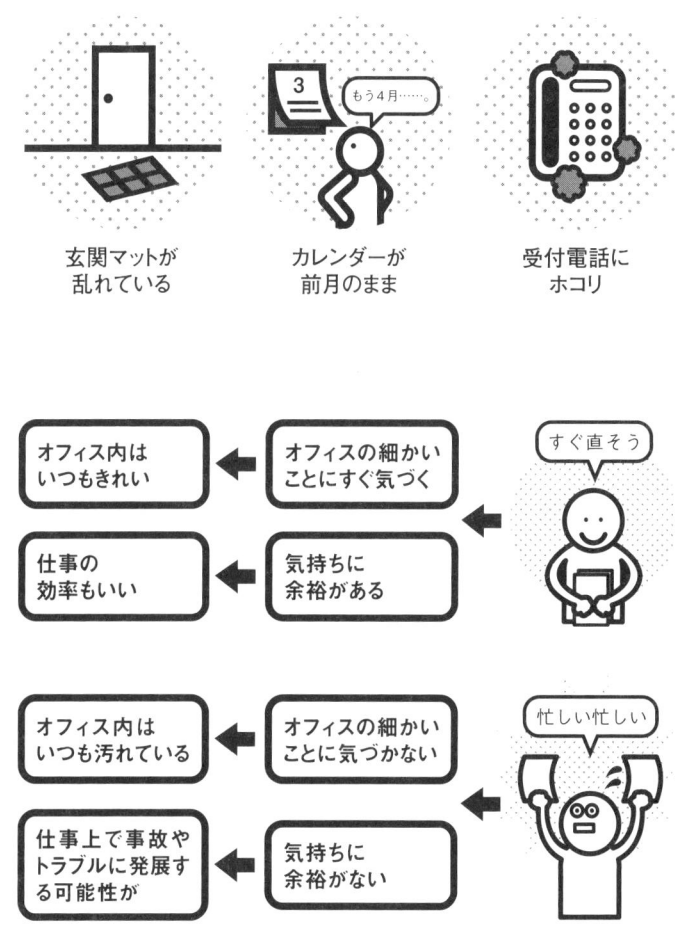

「多分、めくるのを忘れていたんでしょうか？」と私が答えると、

「余裕がないのかもしれないよ。現場に。気持ちの余裕が。カレンダーみたいな簡単なことができてない現場は、忙しくて小さいことに気が回っていないケースが多い。そうすると最悪の場合、作業場の事故につながるんだよ」と、部長はキッパリと言いました。

たった一つのカレンダーが事故につながるとは、その時にわかには信じ難かったのですが、よく周りを見渡すと、会議室や事務所、そして通路は古い書類やファイルなどで雑然としており、所長や職員もどことなく落ち着かない雰囲気で仕事をしているように見えました。

会議室の忘れられたカレンダーからその事務所の「気持ちの余裕度」を想像するのは、そう的はずれな話ではなかったのです。社内監査用に用意されていた書類ばかりに目が向いていた私は、その部長の言葉でひとつ大きな気づきを得ることができました。

人は環境に「うまく」適応してしまう

ある日の夕方、知り合いの紹介でＩＴ関係の機器開発会社のオフィスで1時間だけのミニ講演をさせていただいたことがありました。会議室のない会社と聞いていましたので、文字どおり「オフィス内」での講演になりました。依頼主である社長と15名ほどの社員が着席して待っていました。そして、オフィスに入った瞬間に目に入ってきたのは、書棚の上にぎっしりと積まれた段ボール箱、デスクの上と床には山のように積まれた書類があちらこちらにありました。

講演の終盤で「オフィスが片づいていないと社員のモチベーションが下がる」という話題になったときに、私はこんな質問を15名の社員に投げかけました。

「この中で一番勤続年数が長い方はどなたですか？」

すると、私から見て一番右端に座っていた40代後半くらいの男性がゆっくりと手を挙げました。ほぼ創業からかかわっている社員らしく、現在の事務所になって15年間、一度も部署どころか席すら変わっていないということがわかりました。

さらに私はもうひとつ別の質問をしました。

「この中で一番勤続年数が短い方はどなたですか？」

すると、先ほどの方とちょうど反対側にいた20代前半の男性が手を挙げました。

「入社何年くらいですか？」と聞くと、「ちょうど20日間です」

このやり取りに場内から「クスクス」と笑いが起こりました。


今本を読まれている皆さんは、私が何を言いたいかおわかりでしょうか？


言いたいポイントはこうです。**15年以上同じデスクで仕事をしていると、人はすっかりその場所に慣れてしまう**ということです。

少し大げさに言うと、**自分自身がデスクを含めてオフィスの風景に「同化」しているる**と言ってもいいかもしれません。毎日、目の前の同じ風景を見て、同じデスクで仕事をしていると、徐々に書類や物がデスクの上や床に積み上がっても気にならなくなってしまうと言えるのです。

逆に、入社して20日目というその社員は、20日間何を思って仕事に当たっていたのでしょうか？

社長と面接をしたときには、社会的貢献度も高く素晴らしい会社だと思って入社してみたら、オフィスが思いのほか散らかっていて汚かった。もしかしたら、会社に対して失望を感じたかもしれません。

さらに、「先輩社員もちょっと散らかしすぎでは……、思い描いていた会社と違った。うーん、この会社じゃなかったかも……」と、すっかり働く意欲を欠いてしまっていたかもしれません。

これは、会社にとって大きな損失につながるという話でもあり、もうひとつは、**人は良くも悪くも環境に「うまく」適応してしまう**という話でもあります。

悪い環境に慣れてしまった場合、しばらくすると「今いる場所が悪い環境」かどうかも見えなくなってしまう。そして、もちろん、その環境から知らず知らずに受ける影響にも麻痺してしまっていると言えるでしょう。

あなたがもし、**仕事の効率、パフォーマンスを上げたいのならば、もっと身の回り**

の環境とそこから受ける影響に敏感になるべきなのです。

なぜなら、片づけるだけで、あなたの仕事の効率、パフォーマンスは大幅に変わるからです。

乱雑なオフィスで働く社員は残業時間が長い

乱雑なオフィスは、社員の仕事のパフォーマンスを下げるのです。

私の経験から、書類や物で溢れた乱雑なオフィスで働く社員には、以下の共通点が見受けられると言えます。

①探し物ばかりしている（探す時間が長い）
②回覧板が来ると後回し
③基本的にいつも忙しい（と思い込んでいる）
④コミュニケーションをとるのが苦手（忙しくてその暇がないと思い込んでいる）
⑤仕事の期限を守れない

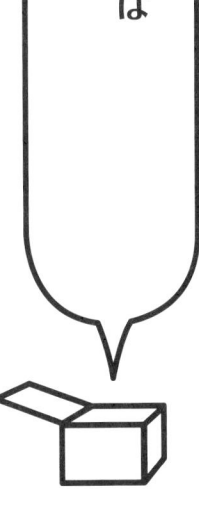

⑥新しい仕事の依頼にはいつも「引き気味」
⑦どこかでいつも「あきらめた」雰囲気を漂わせている
⑧口癖は「忙しい」「どうせ無理（できない）」「疲れた」
⑨後でまとめてやる
⑩本末転倒な仕事運び（目的と手段がひっくり返ってしまう）
⑪頑固、思い込みが激しい（自分は片づいていると思っている）
⑫改善意識が低い
⑬余裕がない
⑭仕事の結果がなかなか出ない
⑮基本的なミスが多い
⑯やり直しが多い

以上、一つでも思い当たる項目があれば、第2章の『片づけ度テスト』で自己分析して、仕事力向上を目指していただきたいと思います。

環境を変えると、あなたの仕事も変わるのです。

片づけはＡＢＣ、そして、Ｄ

以前ある経営者の方から、わが社の経営理念は「ＡＢＣ」です、という話を伺ったことがありました。

ＡＢＣとは、

Ａ＝当たり前のことを
Ｂ＝バカにせず
Ｃ＝ちゃんとやる

そして、「ＡＢＣ」と来たら、次は「Ｄ」があるとその経営者の方が言いました。

Ｄ＝できる人（社員）

この話を聞いた瞬間、オフィスにおける片づけもまさに「ＡＢＣ」そして、「Ｄ」なんだと思いました。片づけはある意味、やって当たり前のことかもしれません。

でもそれをバカにしないでちゃんとやり続けられる、それがまさに「できる社員」

と言えるのです。

ところで、私は企業コンサルティングの際にお気に入りでよく使うフレーズがあります。それは、「片づけを通して……」という言葉です。

片づけを通して、自分自身何を成し遂げたいのか？

片づけを通して、社員にどうなってもらいたいのか？

片づけはすべての基本と言えます。

家に例えるならば、基礎、土台です。土台が悪いと、その上にどんなに素晴らしい建物を建てようとしてもうまくいきません。仮に建物がなんとか建ったとしても、地震や災害が起きた場合にすぐ崩れてしまうのです。

片づけは最も簡単で即効性のある、仕事を変えるキッカケなのです。

ぜひこの本を通じて、あなたの仕事を変える、そして、あなた自身を変えるキッカケを得ていただければ幸いです。

✧片づけの基本は「ABC」+「D」

A ＝ 当たり前のことを

B ＝ バカにせず

C ＝ ちゃんとやる

＋

D ＝ できる社員

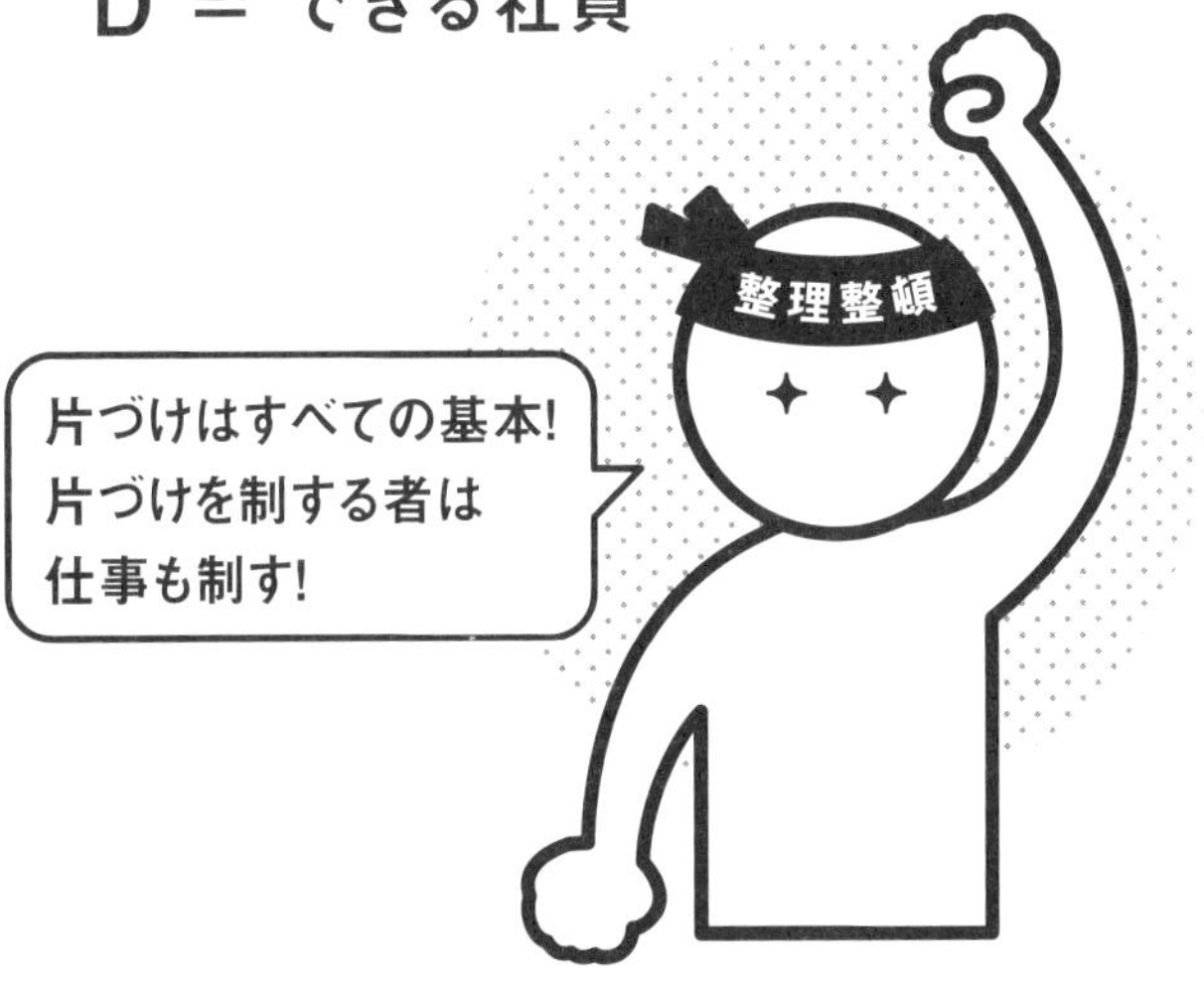
整理整頓
片づけはすべての基本!
片づけを制する者は
仕事も制す!

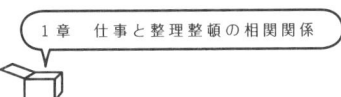

整理整頓できる社長の会社は仕事効率がいい

企業や部署の業績、社風（雰囲気）は、トップの人柄が反映されるのは言うまでもありません。

そこで片づけ、つまり、整理整頓ができる社長の会社は仕事効率がいいと仮定してみましょう。それは本当でしょうか？

そのことを、ここでは考えてみたいと思います。

片づけができる社長は仕事が早い

大阪のある講演会で一番前に座っていたある参加者に質問しました。

「いつも身の回りが片づけられている人は、普段何に気をつけているかわかりますか？」

するると、質問されたある会社の事業部長という方はこう答えました。

「私自身が片づけられる人かどうかはよくわかりませんが、私がいつも気をつけているのは、とにかくすぐ片づけに取りかかることです」

実は、私は別の答えを用意していたのですが、その事業部長さんの回答がとてもシンプルで、予想以上に的を射た答えで意表を突かれました。

過去に出会った優れた経営者の行動をよく見ていると、多くの方がすぐやる、または問題を見つけるとすぐに対処するという行動が、ごく当たり前のようにできているようです。

片づけに限らず、仕事の基本は「すぐやる」こと。

ただし、どのような場面でもすぐ取りかかれるとは限りませんから、その時には後で処理しなければならないケースも出てきます。ただし、片づけられる社長は必ずそこで「期限」を設定した上で、後日対処しているのです。

逆に片づけが苦手な社長の主な特徴をいくつか挙げてみると、いつも「忙しい」が口癖だったり、社員に仕事を依頼できずに自分で仕事を抱えていたり、判断を先送りにしがちです。そして、その社長のデスクの上はいつも書類で埋め尽くされている傾向にあります。

私の片づけコンサルティングを受けていただいた、ある社長がこう言っていました。

「今では信じられないのですが、以前はお客様のところに打ち合わせに行っている最中でも、いつも片づけなきゃという思いで頭の中がいっぱいだったんです」

その社長の事務所は十数年間、書類の片づけが先送りされている状態でした。

ポイントは、**片づけができる社長は、仕事も「すぐやる」に徹することができる人**です。逆に、**片づけができない社長は、何事にも物事を先送りにしてしまう傾向がある**のです。

社長や上司が「片づけレベル」を決める

あなたの周りには片づけができる人とできない人、どちらが多いですか？

右隣の人のデスクの上は、いつも書類の山でいっぱいではないですか？

左隣の人のデスクの引出しはいつも開けっぱなしで、その上にさらに書類が載せられたりしていないですか？

もし、あなたのオフィスで片づけが苦手な人が多い場合、だれが一番の「震源地」だと思いますか？

私の経験上、多くの場合、その震源地はその部署の長である部長や課長、もしくはその会社の社長であるケースがほとんどです。つまり、部長や課長そして社長のデスク周りの状態を部下が見て、「このレベルで許されるんだ」という心理的作用が自然に働き、部下は最低ラインを決めているのです。

社長のデスクが片づいていないと、それがマイナスの連鎖として全社員のデスクの上のみならず、場合によっては会社の雰囲気までどんよりとしたものに変えてしまう可能性もある、ということです。

反対に、いつも整然としてきれいな状態を維持している社長のデスクは、社員にどのような影響を与えているのでしょうか？

おそらく社員は、そのデスクを見た瞬間に、「ちゃんとしなきゃ」とか「自分も見習わなきゃ」という、片づけスイッチが無意識に入るのです。

社員のデスクがきれいになれば、おのずと社員の頭の中も整理され、少なからず普段の仕事にプラスの影響を与えていくのです。そして、**デスクがきれいな社員の数が多ければ多いほど、社員同士でさらにプラスの影響を与え合い、よりデスクがきれいになるだけでなく、職場もきれいになります。**

段取りや仕事における判断も早くなり、新しいアイディアや企画も次々と生まれてきます。そのような職場は、さらに現状を改善する意識や問題点に気づき、すぐにそれに対処するために素早く動くというプラスの連鎖が起き始めます。

つまり「伸ばすも社長、伸ばさぬも社長」ということなのです。

デスクの状態がパフォーマンスに連動している

先ほど、社長のデスクの上が社員のデスクの状態に影響を与えていると言いましたが、社員であるあなたのデスクの上は、あなたの仕事のパフォーマンスに影響を与えています。

つまり、**デスク周りが散らかっていると、あなたの仕事のパフォーマンスを下げ、整理整頓されているとパフォーマンスを上げてくれる**ということなのです。

あなたは今、とても忙しいですか？

この本を読んでいる場合じゃないと思っているくらい、明日の朝までに仕上げなければならない仕事の山で押し潰されそうになっていませんか？

そして、この1週間、さらに1か月を振り返ってみてください。自分でも無意識のうちにずっと同じような状態が続いていた、というようなことはありませんか？

その仕事状態を表すように、あなたのデスクの上も、書類や物で溢れてごちゃごちゃとしていませんか？

さらにあなたの頭の中もデスクの上の状態と連動して、ごちゃごちゃとした状態ではありませんか？

つまり、**あなたの仕事の状態が、デスクの上の「散らかり放題」という形になって表れ、「整理できない」頭の中の状態と連動している**と言えるのです。

よく、「どちらを先に変えると、その問題を解決することができるのか？」と尋ねられることがありますが、私は、頭の中が混乱したら、まずはデスクの上の片づけから始めてくださいとアドバイスをすることにしています。

それはなぜかというと、頭の中を整えるよりデスクの上を片づけたほうが、簡単ですぐ結果が得やすいからです。**「結果を得る」、つまり達成感があると、人はさらに片づけようというプラスの方向へと進む**ことができるのです。

✧デスクの状態がパフォーマンスに影響

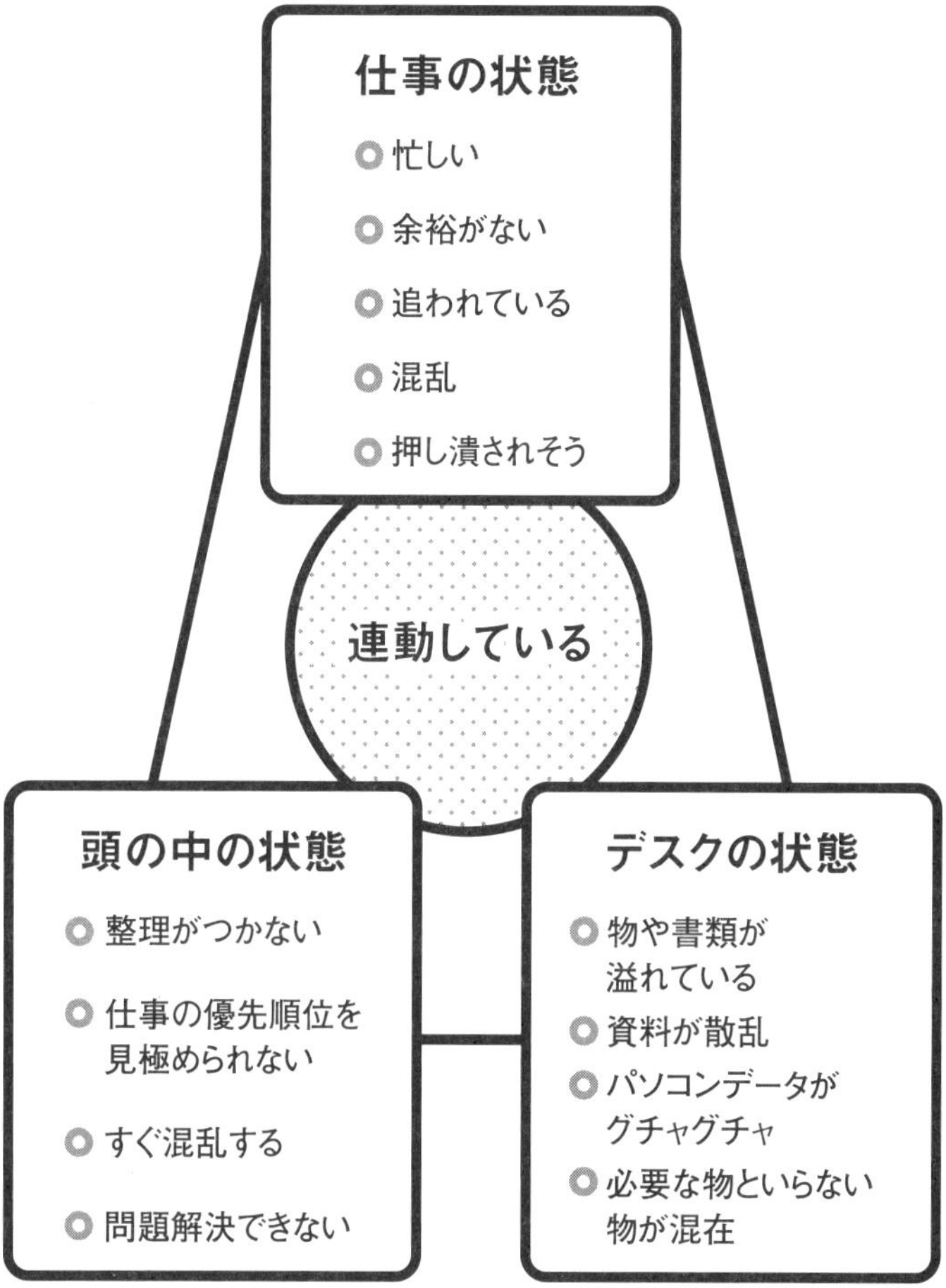
仕事の状態
忙しい
余裕がない
追われている
混乱
押し潰されそう
連動している
頭の中の状態
整理がつかない
仕事の優先順位を見極められない
すぐ混乱する
問題解決できない
デスクの状態
物や書類が溢れている
資料が散乱
パソコンデータがグチャグチャ
必要な物といらない物が混在

片づけられないと時間の滞りが起こる

オフィスやデスクの整理を依頼するお客様の多くの困り事のひとつに、名刺の整理があります。客先や異業種交流会などで名刺を交換するまではいいのですが、いざ受け取った後の整理に困っている方が多いのです。

名刺交換した後、数日たってから連絡をとろうと思ったときに必要な名刺が見当たらなかったり、名刺があっても本人の顔を思い出せなかったりすることが多いようです。

つまり、名刺の整理ができていないと、あなたの仕事をその瞬間に止めてしまい、無駄な時間が過ぎていくことになるのです。

いつも夜遅くまで残業ばかりしている社員の朝の仕事始めをチェックしてみると、まず書類探しや、パソコンの中のファイルを探すことから始めている、という傾向があることがわかりました。朝一番のとても大切なスタートダッシュの時間を、書類やファイルを探す時間に30分以上も充てて、ほかの社員から乗り遅れて仕事をやっと始めているのです。

さらに、私が会社員の時代に、部署内で回覧板が途中でよく紛失することがありました。部長が、「先日回したあの回覧板はどうなった？」と社員に聞くと、必ずある社員の、物が山積みになったデスクから見つかるということがありました。

その社員は、回覧板を止めたということに対して悪びれた様子もなかったのですが、よくよくそのことを考えてみると、その本人だけではなく、周りの人の時間をも奪っていることになるのです。

つまり、**片づけられないということは、あなたの時間と周りの人の時間を奪い、仕事の効率やパフォーマンスを、知らず知らずのうちに下げているの**です。

1日10分の探し物も年間だと44時間に

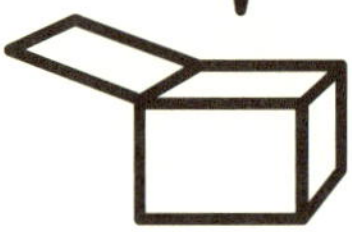

では、片づけが仕事の効率やパフォーマンスに、どれくらいの影響を与えているのでしょうか。数字に置き換えて見てみましょう。

以前、ある会社で社員に意識調査のアンケートをとりました。アンケートの質問の中に「1日に仕事で書類や文具などを探す時間はどれくらいですか？」という項目があり、アンケート結果から探す時間の平均値は1日30分だということがわかりました。

1日30分ということは、1か月の出勤日を22日と仮定すると、

30分×22日＝660分＝11時間

1か月に11時間も、物を探す時間に費やしています。これを1年間（12か月）で計算すると、

11時間×12か月＝132時間

なんと**1年間で132時間も、物を探しているの**です。

次に給料で換算してみると、社員が30人いて、一人当たりの時給が1時間約2、000円、探す時間は30分なので一人当たり、半分の1、000円だとします。月の出勤日を先ほどと同様22日間と仮定して、その数字を元に計算すると、

1、000円×22日×30人＝66万円

月額で66万円を書類や物を探す時間に使っているということがわかります。

さらに、これを1年間（12か月）で計算すると

66万円×12か月＝792万円

年間792万円のロスにつながるのです。

最近の私の「探す時間のアンケート」は少し見直されて質問が一つ増えました。

その質問とは、「1日にパソコン上でファイルなどを探す時間はどれくらいですか？」というものです。

この質問が追加されたことで、探す時間が1日全体で平均45分になった会社もありました。

つまり**オフィスで整理整頓し、社員の探す時間を減らすだけで、時間の効率化と大きなコストダウンにつながる**というわけです。

✧1日30分の探し物をした場合

1か月の出勤日＝22日とすると

30分×22日＝660分＝1か月で **11時間**

1年だと

11時間×12か月＝1年で **132時間**

探し物の時間を1日10分としても

10分×22日＝220分＝1か月で **3時間40分**

1年だと

220分×12か月＝2640分＝1年で **44時間**

片づけができない人は仕事の優先順位がわからない

片づけができる、できないと、仕事ができるかどうかということの間に相関関係があると、あなたは思いますか？

私が片づけのカウンセリングをしてきた中で、多くの点で片づけと仕事との間に相関関係を見いだすことができると断言できます。

ここでは特に仕事の優先順位について考えてみたいと思います。

優先順位がわからない

あるセミナーで、個人事業主だという起業家の女性からこんな質問を受けました。

「効率よく仕事をし、短時間で切り上げたいと思うのですが、いざ事務所で仕事を始めると、どうしてもやらなきゃならない仕事が同時にたくさんあって、いつも時間が足りなくなるのですが、こういう場合はどうしたらいいですか？」

私はこう言いました。

「確かにどれも今すぐやらなければならない仕事だとは思います。ただし、一人で仕事をしているならば、実際に今対処できる仕事は一つだけです。ですから、今やらなければならない仕事の中で優先順位を考えて、その順番のとおりに一つずつやっていきましょう。優先順位を見直す中で、自分がやらなくてもいい仕事だとわかったら、片づけと同じでまずは整理、つまり減らすことから始めてみましょう」

例えば、あれもこれもと欲張っていっぺんに片づけようとして、結局時間ばかりが過ぎてしまったということはありませんか？

休日まとめて一部屋片づけようとしたために、結局、書類や物が「店を広げただけ」になったという、あの状態です。

これはまるであなたが仕事で優先順位を決めず、ただやみくもに仕事に取りかかった結果と同じと言えるのです。

片づけも仕事も、まず何から手をつけるのか、そして目の前にあるものの中で、実際に取り組めることはいつも一つしかないと心得ておくべきなのです。

判断基準がわからない

次に、片づけで要・不要の判断がつかないということがあります。

これは自分にとっての減らす基準、または、持つ基準が明確ではないということから起きるのです。

ある日のこと、40代女性のお客様から電話でこういう質問をいただきました。

「衣類を片づけたいのですが、どうしても捨てられません。どうしたらいいですか？　頭ではわかっていても、実際に衣類を目の前にすると、一着も手放すことができないのです」

それに対して私はこう答えました。「『着られるか着られないか』で判断しようとすると、衣類は手放すことが難しいです。なぜなら、今の時代、洋服は丈夫にできているので、この基準で判断するとおそらくあなたの持っている衣類の中で擦れて穴の開いた洋服などないと思うからです。だから、減らす基準を『着られるか着られないか』ではなくて、『過去1年間で、今手にとった洋服を着たか着なかったか』で判断することが先決です」

過去一年間を振り返って一度も着ることがなかった服こそが、あなたにとって不要な服と判断できるはずなのです。

一見当たり前と思える**片づけにおいて、的確な判断基準を持つことができる人は、仕事の場面においても同様、正しい判断基準を持つことができ、よりよい仕事ができる人**と言えるのです。

やればやるほど相乗効果を生む片づけのメリット

これまで仕事のパフォーマンスと、片づけができるできないとは、相関関係にあると述べてきました。あなたが仕事のパフォーマンスを上げたいと思うならば、職場を片づけて、整えることが重要なのです。では、片づけることで仕事にどのようなメリットがあるかということを考えたいと思います。

片づけで「気づく力」をつける

先日、顧問先の社員の一人が嬉しそうにこう言いました。

「先週の土曜日、社内で駐車場を清掃した後、気になっていた壁の内側をペンキで塗り替えることになったんです。諸事情でたまたま全部の壁を塗り替えることはできなかったのですが、そのことが功を奏して、終わったときに一つ発見したことがありました。以前の壁がいかに汚れていたかということがわかったということです」

これは壁の色を塗り替えることで、環境を整えるという行動から、初めてその社員が気がついたことと言えるのです。もし壁の色を塗り替えるということがなければ、その気づきは生まれなかったはずです。

環境を整える＝片づけることのメリットのひとつは、「気づく」ということなのです。

気づくことが、さらなる相乗効果を生み出す

さらに、ある商店街の靴屋の店長さんに、陳列されている靴の上のホコリを毎朝開店前に取ることを2週間の課題にしたことがありました。

9年間、店舗内の掃除をまともにしたことがないというその店長さんにとっては、商品のホコリを取るという作業は決して当たり前のことではなかったはずです。

1週間ほどたった頃、その店長さんから私に電話がありました。

「1日1回の片づけ報告のメールを2回以上送ることは可能ですか？」

私は、一瞬店長さんが何を伝えようとしているのかわかりませんでした。そして、思わず「それはどういう意味ですか？」と聞き返しました。

店長さんは、ちょっと嬉しそうにこう言いました。

「朝、商品や棚の周りの片づけや掃除を始めると芋づる式にいろいろなことが見えてきて楽しくなって、またやりたくなってしまうんです。小松さんに送るメール報告も最近は楽しくてしょうがないんです。1日3回ぐらいメールを送っても大丈夫でしょうか？」


この店長さんは、ホコリという小さいものを取り除くという作業を通じて、周りにある数十年前から理由もなく貼ってある掲示物や、在庫を収納する棚の中に無造作に置かれた雑貨類など、より大きい物の散らかりや汚れに気づき始めたのです。

ある経営コンサルタントの方の言葉に「会社の環境整備の活動で、止まっている書類や道具の整理整頓すらできない人が、日々刻々と変化する経営状況やお客様を相手にすることがどうしてできようか」という名言があります。

その言葉は、**整理整頓をすることで、我々が何をなすべきかを的確に伝えてくれています。**

前述の店長さんの例でさらに言えることは、**片づけをするたびに「小さな達成感」というものも得られ、気持ちに弾みや程よいリズムが生まれて仕事にもよりよい効果が波及していった**のです。

そして、**気づく力が仕事においても発揮され、今まで以上に問題点や改善点がよく見える**という相乗効果が生まれてきたのです。

イチロー選手の仕事力も環境から生まれる

仕事のパフォーマンスと片づけの相関関係を考えるとき、大リーグのイチロー選手のことを触れずにはいられません。２００９年のシーズンで大リーグ新記録の９年連続２００本安打達成という**偉業の裏側には、イチロー選手が弛まず続けた整理整頓や環境整備の活動があった**からだと言えるでしょう。

ここでは、イチロー選手を通じて片づけの大切さを考えてみたいと思います。

最高のパフォーマンスの陰には環境整備

イチロー選手の仕事のパフォーマンスの高さは、何を通して測ることができるでしょうか？

一般的に野球選手の場合は「走・攻・守」といわれますが、特にイチロー選手の場合には「攻」＝バッティングが仕事のパフォーマンスの大きな部分を占め、周りからの期待が高いと言えるのではないでしょうか。

つまり、大リーグで一試合当たり、4～5打席というわずかなチャンスの中で何本ヒットを打てるか、最大のパフォーマンスを上げられるかどうか、そのためにイチロー選手はすべてを賭けて試合に臨んでいると言えるのです。

今から2年前、NHK「プロフェッショナル仕事の流儀」という番組で、イチロー選手の私生活や試合に臨む姿が紹介されました。

その中で、生活習慣、時間管理、そして野球道具の管理など、すべてが試合での数回の打席のため、その一点のみに向けられていることが明らかになっていきました。

例えば、イチロー選手が試合へ出かける前のお昼に食べるのは、必ず奥さんが作るカレーライスと決まっていたり、気分転換に見るDVDは必ず毎回、ドラマの「白い巨塔」だったり。

日常生活のルーティンを完璧に一定に保つことで、自分自身の体やメンタルのブレを、即座に察知できるようにしているのではないかと見受けられました。

そして、決まった時間に家を出発し、球場へも同じ時間に到着し、まったく同じメニューの準備運動を開始し、試合へと臨むのです。

特筆すべきは、道具へのこだわりで、バットに対するイチロー選手の思い入れは、当時同僚の城島選手が次のように語っていました。

「イチローさんの感覚はね、すごいものがありますよ。人のグローブ、人のバットは絶対に触らないですからね。手にその重さだったり、形だったりが残るのが嫌なんですって」

『すべては自分の仕事の最大のパフォーマンスのために』。イチロー選手の一本一本の指の動きにさえ、その意図が込められていると思ってしまうほどです。

このようなイチロー選手の仕事に対する姿勢は、どんな人にも応用できます。

私たちの仕事においても、**片づけで物を必要最小限にし、整った環境をつくり出すことで、会社での自分自身の役職や役割の中で与えられたミッションに対して、最大のパフォーマンスを発揮することを可能**にしてくれるのです。

✧仕事のパフォーマンスと環境整備の関係

ビジネスパーソンの場合

- 必要最小限のビジネスツールのみを使用
- 古い書類は整理する
- 情報を整理する
- デスク周辺の片づけができている

↓

物や情報がすべて整理され、職場環境も頭の中もクリアで、仕事力が高い

イチロー選手の場合

- 使用するバット、グローブの数は最小限
- 入念に道具の手入れをする
- 規則正しい生活習慣
- 時間管理をきちんとする

↓

1試合当たり4～5打席しか、バッターボックスに立たないのに高パフォーマンス

2章

自分の片づけと仕事の能力を知る

まずは自分の「クセ」を知ることが重要

第1章で見てきたように、整理整頓は仕事のパフォーマンスに大きく影響を与えるということがわかっていただけたと思います。**片づけ、整理整頓をすれば、あなたのビジネスのスキルアップにつながる**ということなのです。

では、どのように片づけ能力を身につけ、向上させていけばよいかについて、まず話をしていきます。

片づけにおける自分の「クセ」を知る

片づけられない、あるいは片づけが苦手で、いつも身の回りが書類や物で溢れているという自分自身に対して、あなたはどこに原因があると思いますか？

ある男性は「自分の性格のせいだ」とか、ある主婦の方は「親も片づけが苦手なので、これは遺伝です」、また、あるOLさんは「血液型に関係している」などと言っているのを聞いたことがあります。

片づけられない、あるいは片づけが苦手である原因をさまざまな外的要因に求めている人が多いように見受けられるのです。

性格や遺伝、そして血液型にも多少の要因が含まれていることを否定はしませんが、私は**片づけ能力を決める最大の要因は、その人の「クセ」**にあると思うのです。

では「クセ」とは、一体何だと思いますか？

「クセ」とは、あなたが長年ある動作をやり続けた結果、その動作が繰り返しごく自然に出ること、あるいは、ついそれをやってしまうことです。

年月をかけて、ある意味築き上げたその動作は、そう簡単に変えることは難しいのですが、ある一定の時間をかけ、そしてコツをつかめば、あなたの「クセ」も変えることができるのです。ですから、**片づけにおける自分の「クセ」に焦点を当てて、片**

づけ能力アップを図っていきましょう。

ところで、片づけができない原因を性格や遺伝、そして血液型に求めてしまうと、人はいつのまにか「自分以外の何か」を悪者にしがちです。では逆にあなたの片づけられない原因が自分の「クセ」にあると認めたときに、それはどういう意味を持つと思いますか？

自分の「クセ」の中にその原因があると悟った瞬間から、あなたは自分自身で問題を解決するスタートラインに立つことができたと言えるでしょう。

行動にも思考にも「クセ」が表れる

私の片づけコンサルティングを受けていただいたある主婦のご自宅に、初めて伺ったときのエピソードです。

その家は3階建ての一軒家でした。1階の玄関から2階のリビングに通され、ダイニングテーブルを挟んでその方とお話しすることになりました。入口から見て一番奥にある椅子に座るよう案内されたのですが、椅子にたどり着く間にたくさんの障害物があって、座るまでに、なんと1分以上かかってしまいました。

要するに、その家の床やテーブル、椅子の上には物が溢れていて座る場所も足の踏み場すらない状態だったのです。

カウンセリングをしてみると、彼女自身この状況をどうにかしなければならないと思いながらも、いざ行動に移す段階になると何から手をつけていいかわからず、つい片づけ以外のことをいつのまにかやり始めてしまう、という行動パターンがあるということがわかりました。

そして、彼女にコンサルティングサービスの内容をひと通り説明し、最後に「片づけ、一緒に始めますか?」と私が言うと、彼女は「夫に相談して後ほど連絡します」と言いました。

「わかりました。ではまた旦那様にご相談の上、ぜひ始めましょう」と言うと、彼女は「それは、わかりません。夫次第で、やるかどうかは私は決められませんので……」。そんなやりとりを何度か繰り返して、私はその家を後にしたのです。

この主婦の場合、片づけという行動と何かを決断するという思考、いずれにも同じ

「クセ」が表れているのです。それは、物事をつい後回しにするという「クセ」です。

片づけを始められないことが思考に影響し、また逆に思考がその人の片づけ方に影響を与えるという相関関係になっているのです。そしてさらに、**片づいていない環境そのものが生活や仕事での効率を下げる**ことになっていくのです。

その反対に、もしこの主婦が後回しという「クセ」を自覚し、気づいたらすぐ片づけるように意識して行動し、その「クセ」を日々少しずつ変えていくことができれば、彼女の「後回し」という思考も「すぐ行動する」という思考へ変わっていくことになります。

ですから、あなたも自分の「クセ」を知り、その「クセ」を変えることで、片づけ能力も仕事の能力も変えることが可能なのです。

✧片づけ力には『クセ』がある

ある日のコンサルティング

こんにちは。小松です
よろしくお願いします
依頼者A子さん
家の中は……
グチャグチャ
一緒に今、片づけましょうか
夫に相談して後で連絡します

➡A子さんの『クセ』＝ 物事を後回しにする

◎片づけを始められない

◎自分で決められない

「片づけ度テスト」をやってみよう

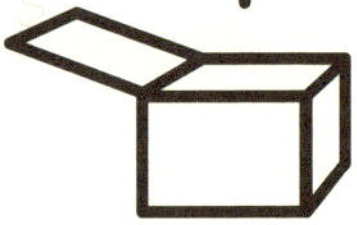

では、あなた自身が片づけにおいて、どういう「クセ」を持っているのか。

ここで簡単なテストをしてみたいと思います。

次の質問に答えてください。ここで出てきた回答が、あなたの「クセ」（タイプ）になります。

さあ、あなたはどの「クセ」（タイプ）になるでしょうか？

64ページから、それぞれのタイプ別に、片づけの傾向やクセ、加えて片づけと相関関係がある仕事の取り組み方や、パフォーマンス、モチベーションの傾向についてご説明いたします。

✧片づけ度テスト

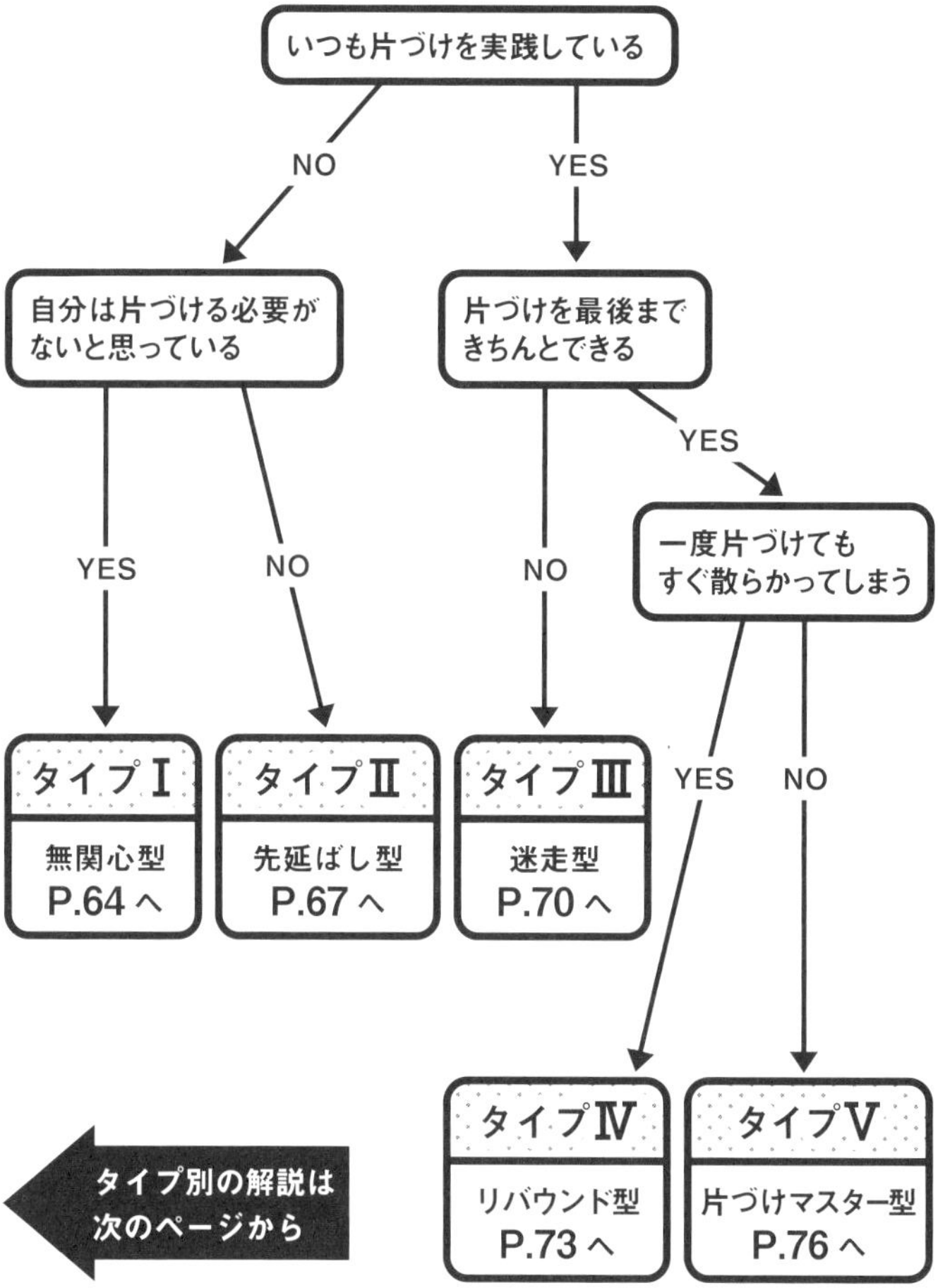
いつも片づけを実践している
NO
YES
自分は片づける必要がないと思っている
片づけを最後まできちんとできる
YES
NO
NO
YES
一度片づけてもすぐ散らかってしまう
タイプⅠ
無関心型
P.64へ
タイプⅡ
先延ばし型
P.67へ
タイプⅢ
迷走型
P.70へ
YES
NO
タイプⅣ
リバウンド型
P.73へ
タイプⅤ
片づけマスター型
P.76へ
タイプ別の解説は次のページから

タイプI「無関心型」

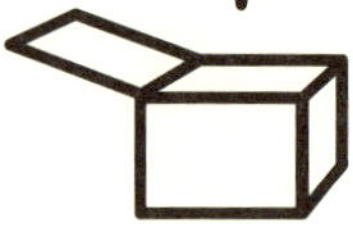

あなたは自分自身に対して、片づけが必要でないと思っているタイプです。しかし、周りの人はその反対だと考えている可能性があります。

もっとわかりやすく言いましょう。あなたのデスクやその周辺は物で溢れていないでしょうか。何か作業をしようと思っても、まずデスクの上の物の置き場所を移動させ、仕事ができるスペースを確保してから作業に取りかかったりしていませんか。あるいは作業をするとき、それに必要な物を探すところから始めていませんか。

要するに、あなたは片づけをしなければいけないのに、その状況にすら気づいていないということなのです。

念のため、一度隣の席の同僚に「私のデスク、片づけ必要?」と聞いてみてください。答えが「はい」なら、デスクの上を片づけてみることをおすすめします。それによって今以上に仕事の効率がアップするデスクに変身するかもしれません。

「無関心型」の仕事の傾向は、

①　自分で何とかできる、あるいはやってしまおうとする
②　独りよがりで人に聞かない
③　周りの人や物に関心がない
④　周囲の変化に気づかないことがよくある

というようなところが見受けられます。

前述したように、整理整頓は仕事のパフォーマンスに連動しているところが大きいのです。**「無関心型」の人は、片づけるだけで、確実に時間短縮、作業の効率化が図れるでしょう。**

✧無関心型の特徴

乱雑に立てられた本
ラックには書類や本がいっぱい
ギッシリ詰まった
ペン立て
仕事に
無関係な物
書類の山
NOTE
足元にも袋や荷物が
紙袋で開かない引出し
ボクの中に片づけという言葉なんてない。この状態で快適さ！

タイプⅡ「先延ばし型」

あなたは、常々心のどこかに「片づけないといけないなぁ」という感情を持っているのではないでしょうか。雑然としたデスクであるという現実をちゃんと把握していますし、この状況を何とかすればスッキリするし、仕事もやりやすくなるとわかっているはずです。

しかし片づけようと思っても、実行する前につい「後で」と先延ばししてしまう傾向はありませんか。このタイプの人の先延ばしの理由はさまざまです。例えば、もともと片づけが苦手、忙しい、ほかに優先すべきことがある、何から始めたらいいかわからないなどが挙げられます。

「先延ばし型」の仕事の傾向は、

①後でまとめてやろうとする
②仕事の時間配分（タイムマネジメント）が下手
③〝いつも忙しい〟が口癖
④苦手意識が強い
⑤始める前に時間がかかる
⑥書類や物をためがち
⑦頭でわかっているけど、実際に行動に移すのが遅い

というように、時間の使い方があまり得意ではないようです。

「後でやろう」という考え方をまず何とかしようと、常に意識をしていれば、乱雑なデスク周辺は見違えるように整理整頓されるでしょうし、仕事に対する姿勢や余裕度も変わってくるはずです。

✧先延ばし型の特徴

NOTE
あ～ぁ、片づけなきゃいけないなぁ。でもほかにやることいっぱいあるし……。
まあ、いいか。今度やれば

タイプⅢ「迷走型」

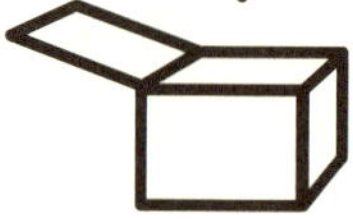

あなたは人一倍、自分は片づける必要がある人間だと感じて、実践しているのではないでしょうか。ただし、いざ片づけを始めると、途中で片づけ以外の誘惑に負けてしまったり、ほかの片づけ方法に目移りして、なかなかきちんと片づいた状態をつくるのが苦手な傾向にあります。つまり、片づけようという気持ちが強い半面、結果があまり伴っていないタイプなのです。片づけ意識が、うまく成果に結びつくような取り組み方を心がける必要があるでしょう。

「迷走型」の仕事の傾向は、

①目標設定が曖昧で、優先順位をつけるのが下手
②仕事の重要度、緊急度がわからない
③誘惑に弱く、作業途中でもほかの方法が良いのではとすぐ迷う
④仕事のやり方がわからない
⑤決断力が弱い
⑥情報収集癖があり、集めるだけで満足する
⑦根気がなく、あきらめやすい
⑧挫折しやすい

仕事に対する意欲があったとしても、最終目標の設定をしっかり定めることができない、あるいは定めても途中で別の方向に走ってしまい、結果的に思うようなパフォーマンスが上げられないという人が多いようです。

自分で問題意識を持てる人ですから、**最初に全体を見据え、しっかりとやるべきことを見極め、一度方針を決めたら信念を曲げず、最後までやり抜くことさえできれば、ビジネスも片づけも完璧になります。**

✧迷走型の特徴

NOTE
このままじゃマズイと思って片づけ始めたけど、途中で書類見入ったり、本読みだしちゃったり、全然はかどらないよぅ

タイプⅣ「リバウンド型」

あなたは、片づけを始めることや、実際に片づいた状態をつくることは、ほとんど苦もなくできるはずです。しかしきれいな状態をキープするのはどうでしょうか。せっかく片づけたのに、時間がたつごとに少しずつ物が散乱し、最終的には片づける前とまったく同じ状態になっていた、という経験はありませんか。

私はこの様子を「片づけのリバウンド」と呼んでいます。片づけへの意識は高く、行動も伴っているのに、詰めが甘い。非常に惜しいタイプの人です。

こういった自分の「クセ」をきちんと認識して、意識的に使ったものはすぐに片づけたり、退社するときは必ずデスク周りをきれいな元の状態に戻すように心がけるだけで、常に整理整頓されたオフィス環境に変わっていきます。

「リバウンド型」の仕事の傾向は、

① 資料や物をついため込んでしまい、結果的に作業に時間がかかる
② モチベーションを維持できない
③ 効率化のための仕組みづくりがなかなかできない
④ 日常業務の中でのテンプレートづくりが苦手

このタイプの人は、「やるぞ」と仕事の目標を立て、奮起した最初はいいのですが、その情熱をずっとキープできないという傾向にあるようです。また、本来ならもっと時間の短縮や作業の効率化ができるのに、仕組みづくりが苦手なため時間がかかったり、中途半端な仕上がりになるという結果に。

物も仕事もアウトプットよりインプットする量のほうが多く、パンク状態になってしまいがちです。**片づけを通して、作業や行動の習慣化を身につけたり、システムを構築してみてください。意識してそうすることで、仕事への取り組み方にも変化が表れ、今まで以上のパフォーマンスを上げられるようになるでしょう。**

✧リバウンド型の特徴

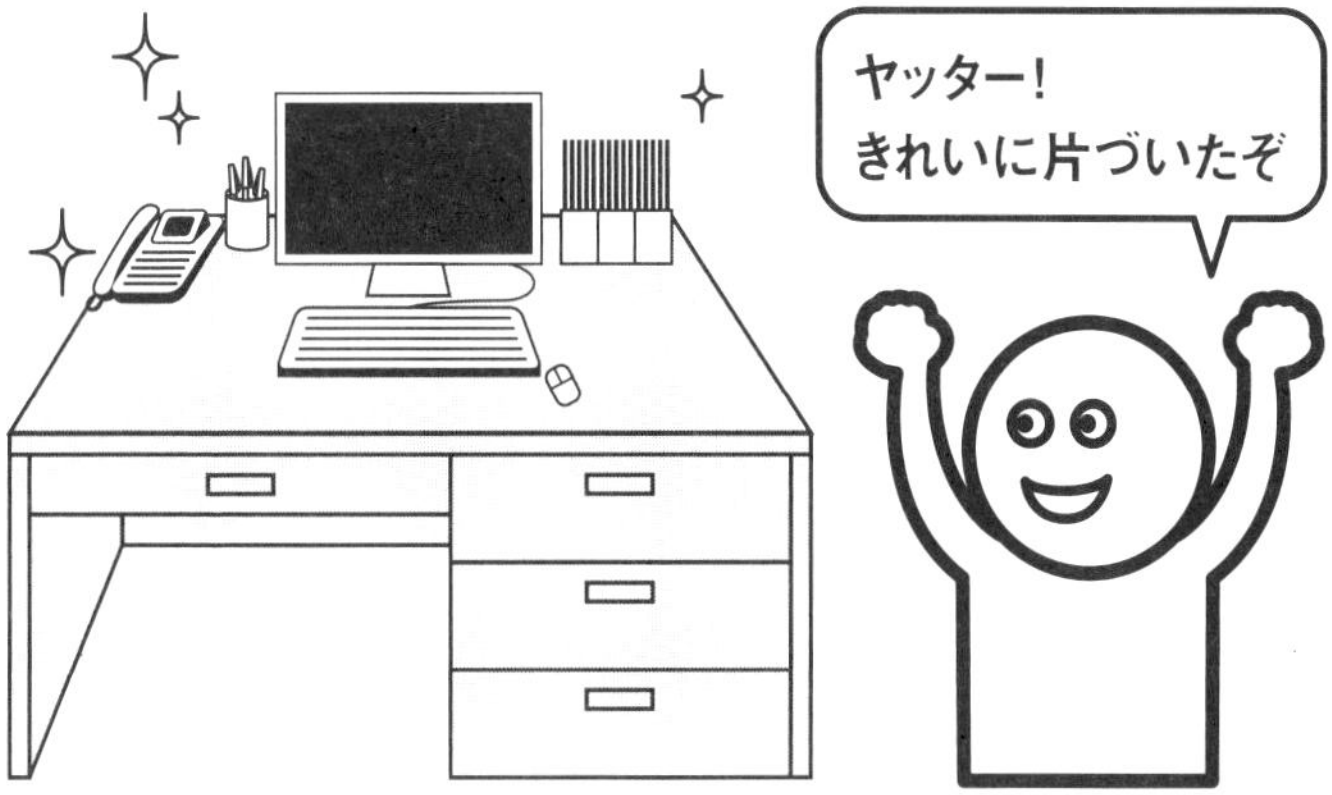
ヤッター!
きれいに片づいたぞ

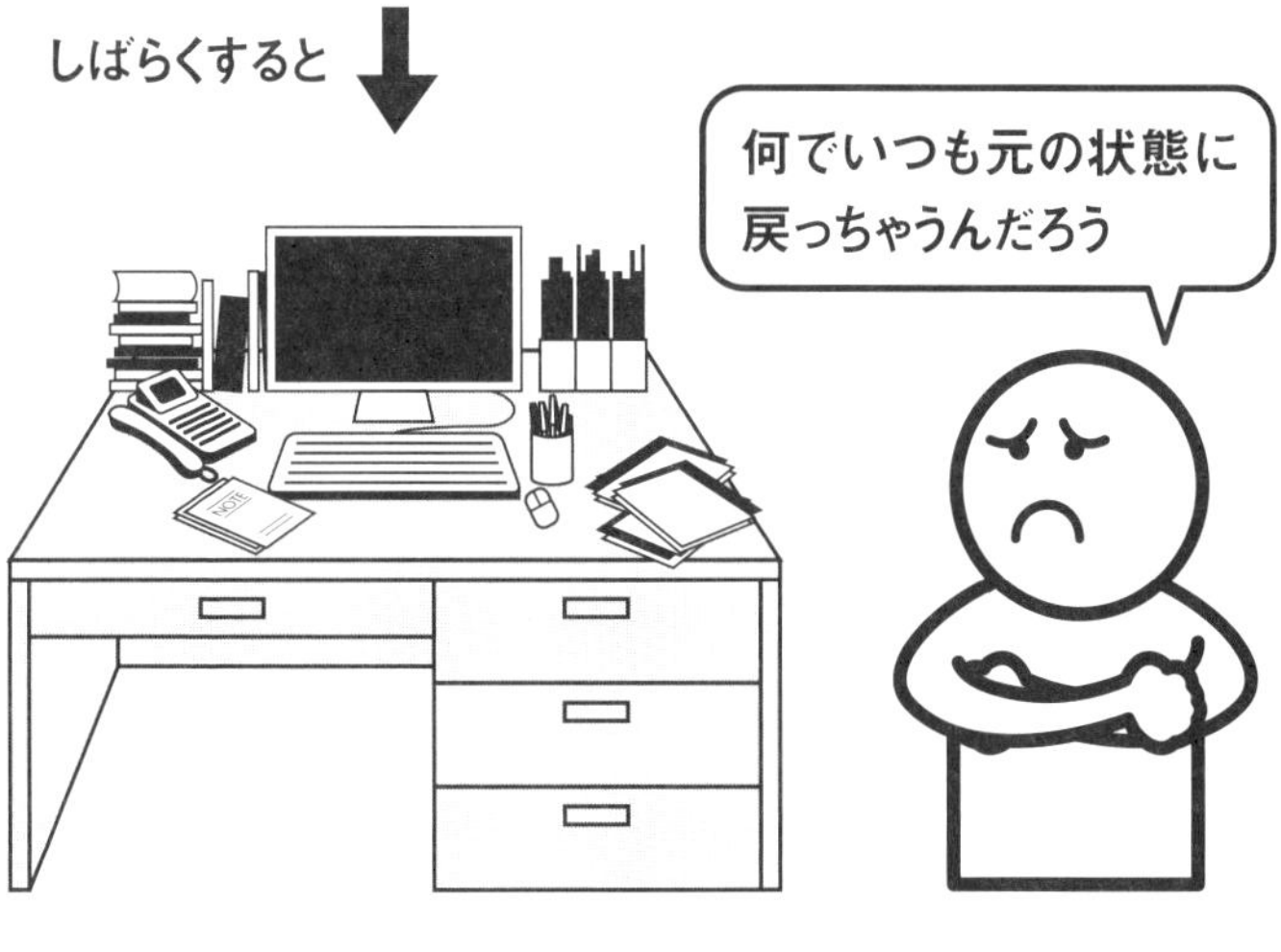
しばらくすると
何でいつも元の状態に
戻っちゃうんだろう

タイプV「片づけマスター型」

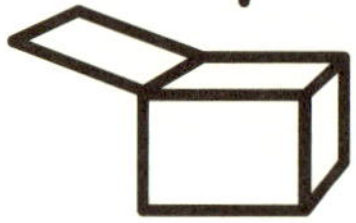

あなたは、片づけが習慣化できている人です。整理整頓を必要に応じて実践し、片づけた場所を維持することも、ごく自然に行うことができる。生活や仕事に片づけ能力をいかんなく発揮している人だと言えます。

「片づけマスター型」の仕事の傾向は、

① 仕事に対するモチベーションを常に維持している
② 決断力があり、仕事の優先順位をつけるのが上手
③ 必要な情報だけを効率よく集める

④　コミュニケーション能力が高く、周りの人への配慮ができる
⑤　何でもすぐに始め、仕事の時間配分が上手
⑥　苦手意識を持たず、何にでも果敢に挑戦する

整理能力が高いということは、仕事のあらゆる面で役立ちます。例えば日々、たくさんの情報やデータが入ってきても、今のプロセスで必要なもの、将来必要になってくるもの、不必要なものと、瞬時に判断することができる。

また何を優先的に行うべきか、仕事全体の流れはどうすればいいか、システマティックに考えられるため、無駄な時間も思考力も使う必要がありません。

このタイプの人は、仕事への取り組みだけでなく、コミュニケーション能力にも長けているように見受けられます。気づく能力が充分にあり、周囲の人の様子をうかがい、配慮することができる。つまり人望が高く、信頼され、人が集まってくるのです。それはイコール知恵が集まってくるのと同じことで、その知恵をまたビジネスに生かしていけるのです。すなわち良いサイクルがつくられているのです。

ぜひ今の素晴らしい状態を維持し続けてください。

✧片づけマスター型の特徴

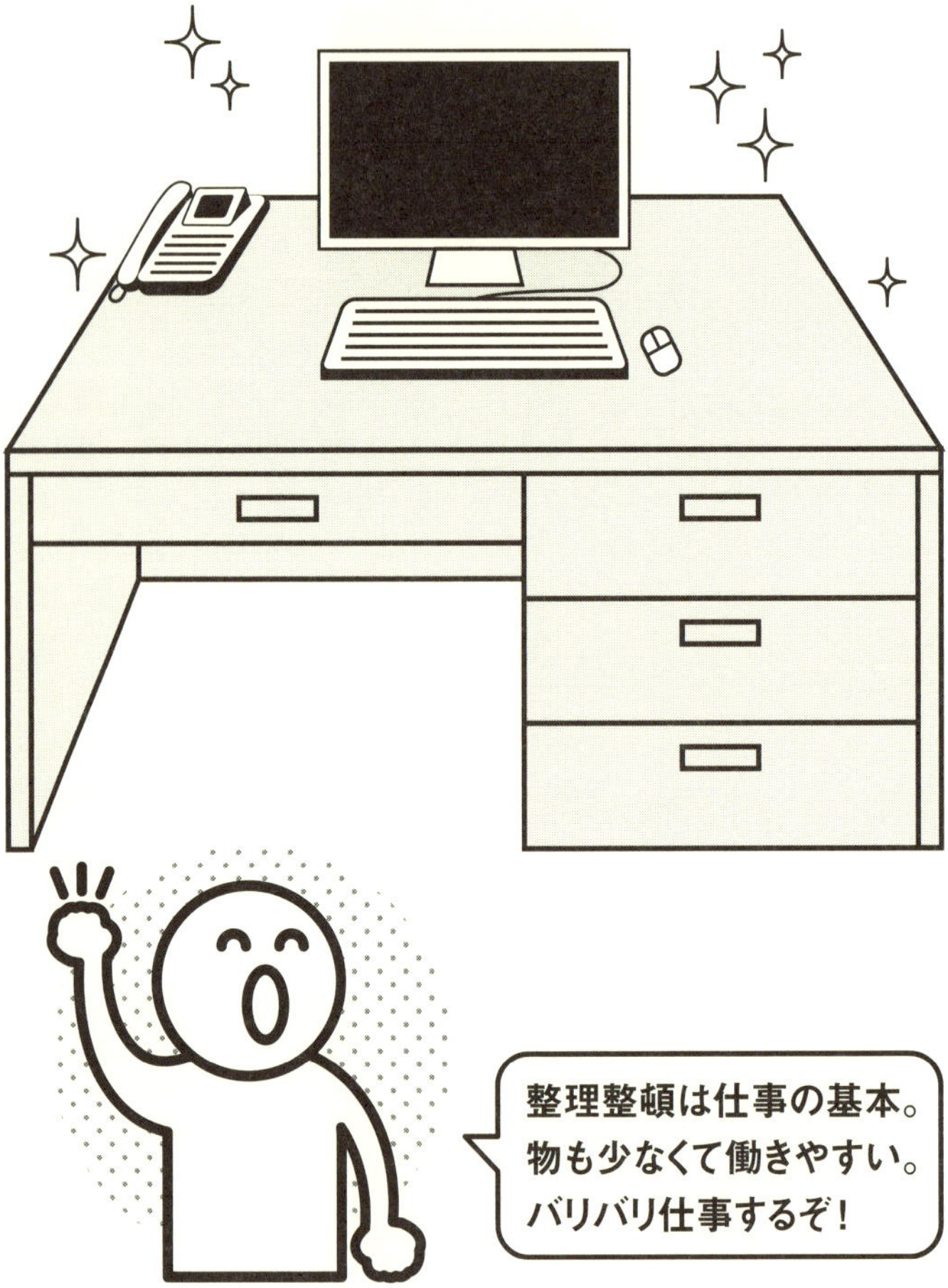
整理整頓は仕事の基本。
物も少なくて働きやすい。
バリバリ仕事するぞ！

片づけは思考回路にも変化を及ぼす

これで自分には、どういう片づけの「クセ」があるのか、おわかりいただけたのではないでしょうか。また仕事の傾向も、思い当たるふしはありませんでしたか？

片づけがきちんとできて、その状態をキープし続けるには、まずあなた自身の「クセ」を認識し、それを少しずつ変えていくように、日頃から意識して行動に移すことが大切です。

片づけ作業を繰り返していくと、不思議なことに次はどこを片づけるべきか、自分にとって本当に必要な物（仕事道具や情報）は何かが見えてきます。

また片づけ作業をすることで、**思考回路も整理されてきて、物事をシンプルに考えられるようになる。**その思考能力が仕事のパフォーマンスへとつながっていくのです。

では次の章から、オフィスのデスク周りの片づけ方法を、具体的にお伝えしていきましょう。

3章

物を減らす
整理のテクニック

減らすことから片づけは始まる

「オフィス内のあなた個人の専有部分を、今から片づけてください」と言われたら、皆さんはどんな行動を取り始めますか？

目の前にある書類を引出しにしまったり、乱雑に置かれている本を書棚に背表紙を揃えて整えたり、または1か月たまってしまった名刺を分類して、きちんとファイルに整理したりするでしょうか？

あるいは、置き場が足りないので収納スペースを新たに買い足して書類をきれいに並べるのでしょうか？

一般的に「片づけ」というと、一時的にしまう、元にあった場所に戻す、雑然とした物や状態を整える、または、新たに収納場所をつくるというイメージがあるかもしれません。

確かにこれらの動作や行動も、片づけの一部であることには間違いありません。

ただし、あなたがもし、より**効率的かつ効果的に片づけたいならば、まず、「減らす」ことから始める**ことをおすすめします。

減らすことから片づけをすると、書類や物の置き場所を決めたり、しまったり、整えることもより簡単にできるようになるでしょう。

ここでは、減らす＝整理することについて具体的に考えていきたいと思います。

片づけの3つのステップ

片づけとは、「整理・整頓」であると私は言っています。

つまり、片づけは整理と整頓の2つによって成り立っています。

そして、**整理とは「減らす」であり、整頓とは「使いやすいように配置する」**とい

✧片づけの3ステップ

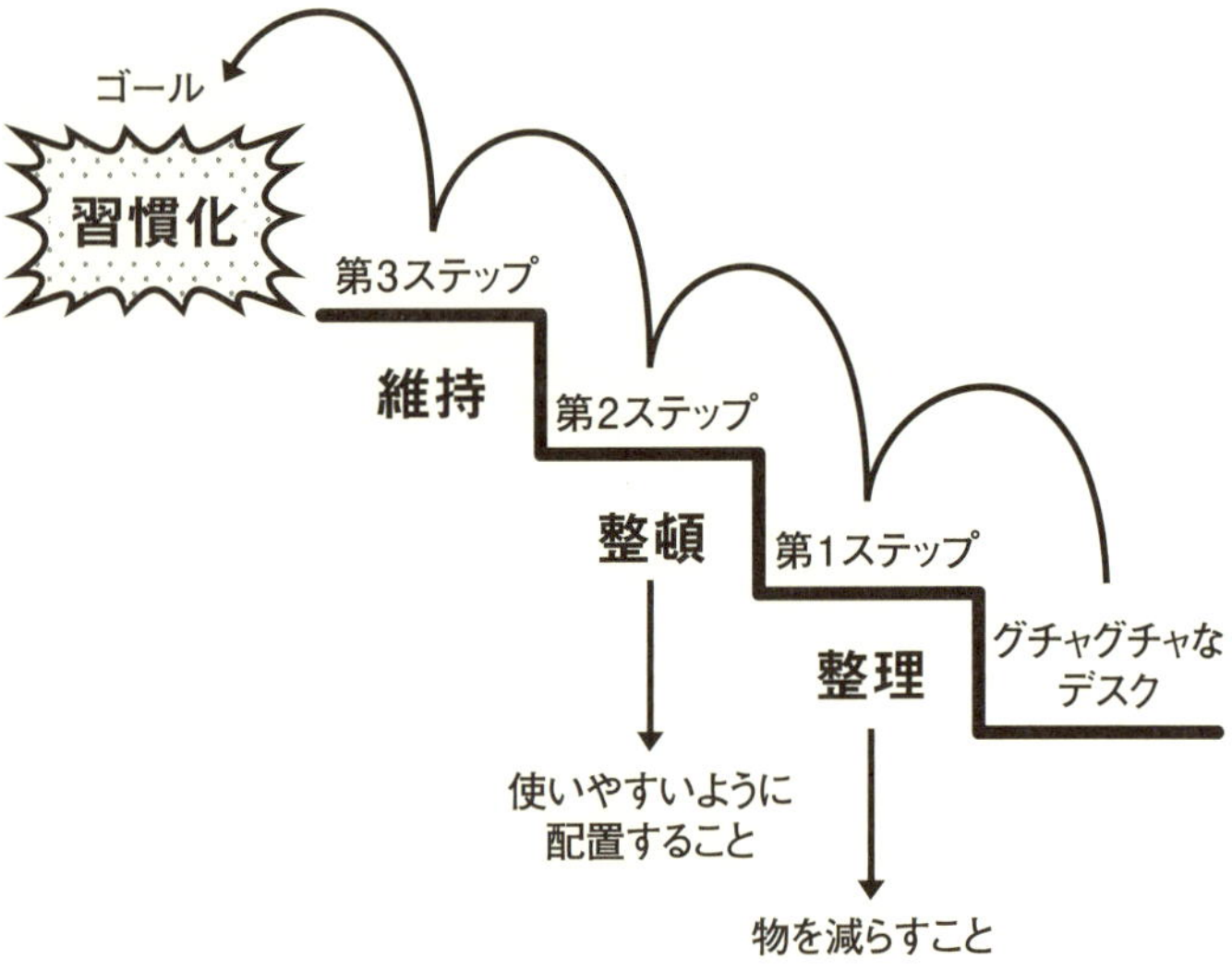
ゴール
習慣化
第3ステップ
維持
第2ステップ
整頓
第1ステップ
整理
グチャグチャな
デスク
使いやすいように
配置すること
物を減らすこと

片づけは**整理**、**整頓**で成り立っていて、

それができた状態を

維持するようにしましょう。

維持した状態を保つために、

片づけを**習慣化**できれば、

あなたは片づけマスターです！

うことになります。

冒頭でお話ししたとおり、効率的かつ効果的な片づけ方は「整理・整頓」の文字の順番どおり、まず「整理」を徹底して行い、その後「整頓」に入ります。

整理と整頓を実践することを私は「リセット」とも呼んでいて、このリセットすることは、片づけにおいてとても大切なことなのです。

さらに重要なことは、このリセットした状態を維持する、つまり、片づいたスペースをきれいに保つこと。

これら**整理、整頓、維持の3つの段階が、84ページの図のようにサイクルになってうまく回り、最後に「習慣化」というゴールを目指していくことで片づけは成功する**のです。

整理の極意

片づけを成功させる一番の秘訣は、片づけの3つのステップの1番目「整理」を徹底してやり切ることにあります。この整理を中途半端にして整頓に移ると、片づけはうまくいかないのです。では、どのように整理を進めていけばよいのでしょうか？

整理のステップを成功させるには、整理をさらに「4つのステップ」（87ページ参照）に分解して実施することにあります。「4つのステップ」とは、

1　外に出す
2　分ける
3　減らす
4　しまう

この4つの流れを具体例で簡単に説明したいと思います。

私がすすめる片づけの特徴は、「細分化」にあります。いっぺんにデスク周りを片づけるのではなく、デスクの上、各引出し、あるいは足元にある書類というように、**片づける場所を細分化して、一か所を最大15分で片づけていく**のです。

✧片づけの基本動作

「整理」を徹底してやる
➡片づけの成功

ヤッター!

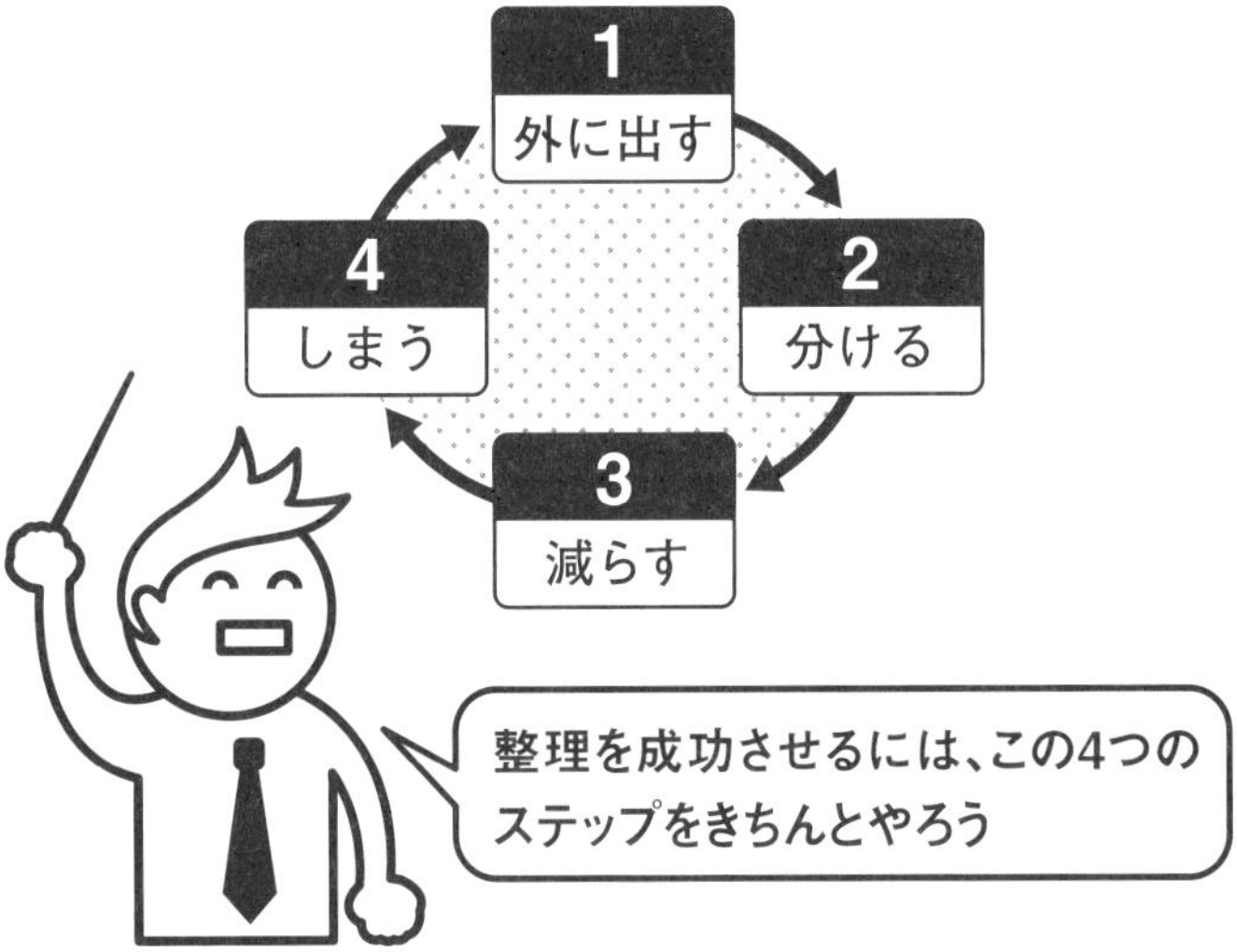
1
外に出す
2
分ける
3
減らす
4
しまう
整理を成功させるには、この4つのステップをきちんとやろう

この4つのステップは、循環してるんだね

例えば、デスクの文房具を入れる引出しを片づけるとします。

まず最初の「外に出す」とは、片づけると決めた引出しの中からすべての物を外に出すことです。

物を出す場所はデスクの上か、デスクの上が物で溢れている場合はどこか別のテーブルなどを確保してその上に広げます。

外に出すことのメリットは、2つあります。

① すべての物が見渡せるので、片づけの効率がアップする

② 減らす覚悟ができる

次に**「分ける」は、減らす基準をつくり、その基準に従って物を「要」「不要」に分けていきます。**
例えば、文房具の減らす基準は「直近1か月で1回以上使った物かどうか」ということが考えられます。つまり、基準に従って対象の物を2つのグループ（「要」「不要」）に分けていくことが「分ける」という行為なのです。

✧整理をするときのポイント

整理の4ステップ

step 1 外に出す

片づけたい場所の物を、とにかく全部1か所に出す

step 2 分ける

減らす基準を決めて、「要」「不要」に分ける

step 3 減らす

step 2 で「不要」とした物を減らす

step 4 しまう

手元に残った物を配置などを考えず、とにかく元の場所にしまう

さらに、「減らす」のステップでは、2つのグループに分けた物のうち、「1か月に1回以上使っていない物」のグループを減らします。

「減らす」行為とは、捨てる、総務など文房具を管理している部署に戻す、または必要な人にあげるなどが挙げられます。

最後に、**「しまう」のステップでは、**もうひとつのグループである「要」に分けられた「1か月に1回以上使った物」を**ただ元にあった場所に戻して終了します。**

ここで片づけが得意な方は、こんな疑問を持つかもしれません。

「出し入れしやすいように置き場所を考えて、しまわなくてよいのだろうか？」

もちろん、片づけが得意であれば、そのまま整頓のステップに移ってもよいのですが、**片づけが苦手な方は、まず整理（物を減らす）を徹底して行ってみることが、片づけを成功させる大切なポイント**なのです。

つまり、片づけが苦手な人はついつい次の整頓にまで目がいき、置き方にこだわってしまうために、整理がおろそかになります。

整理がおろそかになると整頓もうまくいかないため、片づけそのものが失敗に終わってしまうのです。

ですから、**まず整理を徹底し、それを終えてから整頓に入る。**

これこそがポイントというわけです。

自分だけの聖域、デスクから片づける

ここまで、「整理」についての概要をお話ししました。

次にこの「整理」方法を、より効率的に行うコツをご紹介します。

作業エリアを分割してから片づける

では、オフィスで一番よく使用する場所、デスクの「整理」を徹底して行っていきましょう。

整理の具体的な動作は「外に出す」「分ける」「減らす」「しまう」の「4つのステ

ップ」でしたね。

ただし、「4つのステップ」を実施する前にもうひとつやっていただくことがあります。**エリアを「細分化」し、片づける順番を決定する**ことです。

なぜ、作業エリアの細分化が必要かと言いますと、

① 一度に片づけようとすることから生まれる、片づけに対する心理的な「大変さ」をなくす

② 片づけそのものの効率化が図れる

などが挙げられます。

まずは、94ページの図のようにデスクを簡単に細分化してエリアマップを作成していきます。

エリア1＝デスクの上

✧デスクのエリアマップ

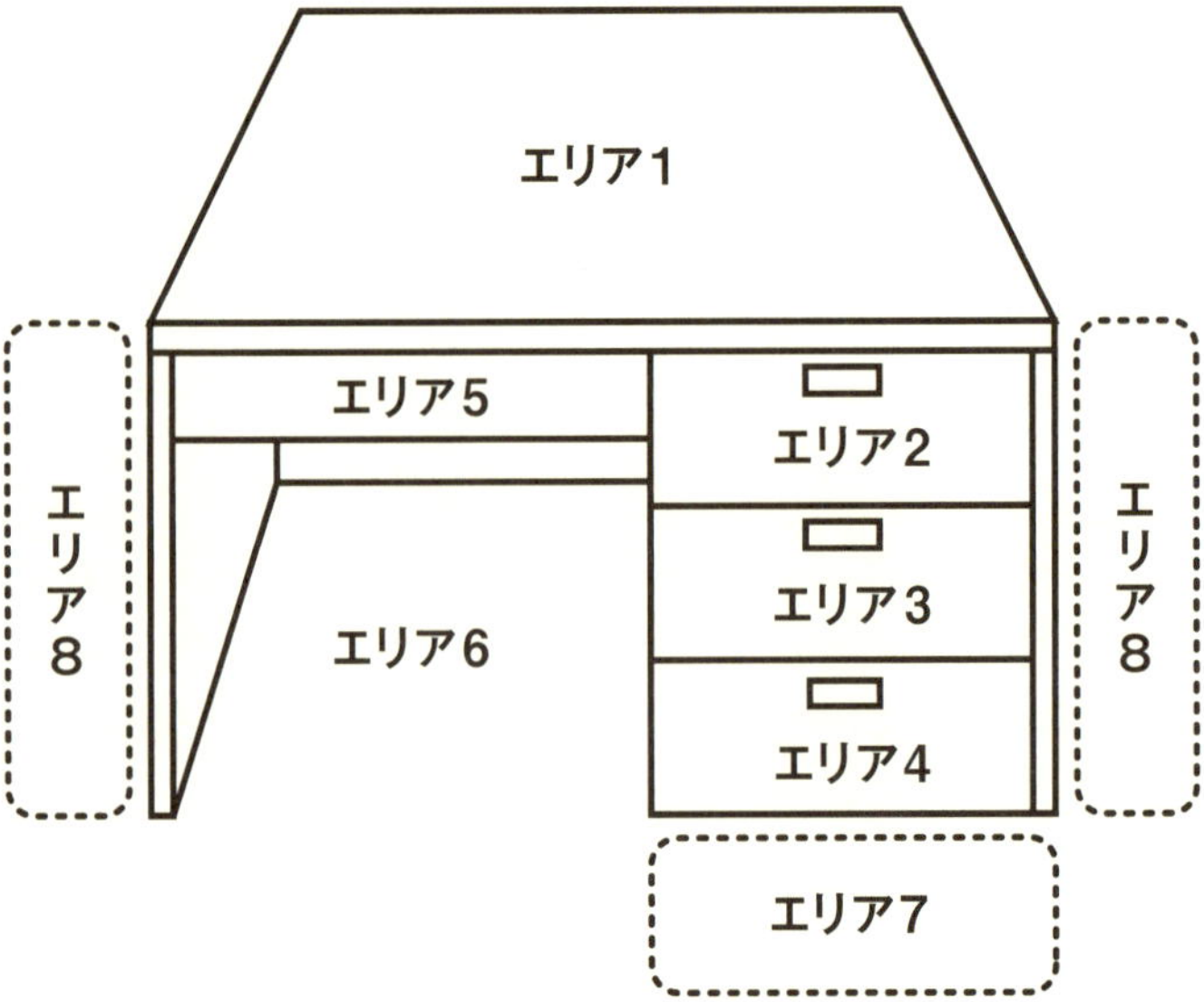
エリア1
エリア5
エリア2
エリア3
エリア4
エリア6
エリア8
エリア8
エリア7

エリア2＝右側・上の引出し
エリア3＝右側・中の引出し
エリア4＝右側・下の引出し
エリア5＝手前の引出し
エリア6＝足元

エリアは、おおよそこれらのように分けられるでしょう。
さらに、デスク周りが乱雑な人は、

エリア7＝引出し前にある紙袋
エリア8＝デスク周辺の段ボール

なども見逃さずにエリア化していきます。
ところで、この段階でよくこのような質問をいただくことがあります。
「言われたとおり細分化したのだが、『デスクの上』は15分じゃ終わらないので、どうしたらよいでしょうか」

その場合の処置は簡単です。

デスクの上をさらに、

デスクの上（左）
デスクの上（右）

というように、さらに2つに細分化すればいいのです。


以前、カウンセリングに伺ったある起業家の人は、デスクの上に書類が多すぎたのでデスクの作業エリアを、デスクの上（手前・右）、デスクの上（手前・左）、デスクの上（奥・右）、デスクの上（奥・左）と「4分割」していました（97ページ参照）。

また別の人は、書類の山を一つずつ細分化して6つのエリアに分けたケースもありました。

要するに一か所最大15分で片づけが終わる分量まで、エリアを細分化することで、

✧片づけるスペースを細分化する

デスクがグチャグチャな人は、さらに片づけるスペースを分割しよう

例えば……

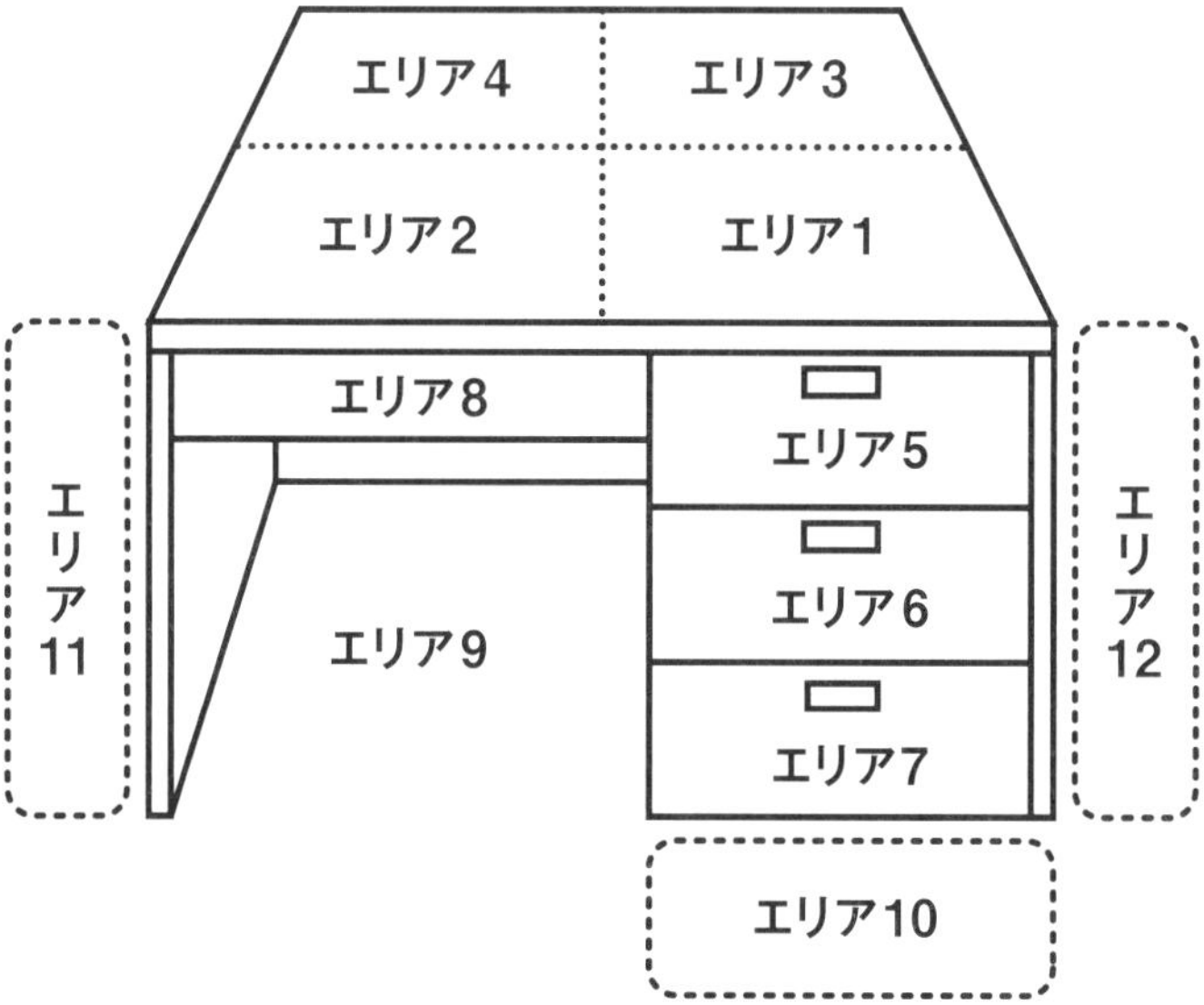
エリア4
エリア3
エリア2
エリア1
エリア8
エリア5
エリア6
エリア7
エリア9
エリア11
エリア12
エリア10

より片づけやすくなり、片づけのハードルを低くすることができるのです。

オフィスの「聖域」を選定する

作業エリアの分割はできましたか？　では、実際に片づけていきましょう。

その前にひとつ質問です。

初めに片づける場所はどこが適切でしょうか？

ここでは、**「早く片づけたくて気になっている場所」と「初めに片づけたほうがよい場所」とを区別する**ことの大切さをぜひ理解してください。

「早く片づけたくて気になっている場所」と言うと、真っ先に浮かぶのは引出しの中。あるいは、引出しの中にある書類や名刺ですか？　もしくは、共有の書棚にあるファイルやカタログ、あるいは未整理の書類や紙やメモの束でしょうか？

いずれにしても、今挙げた場所やアイテムは、これから私が言う「ある場所」の片づけが終わった後に細分化して、徐々に進めることをおすすめします。

では「ある場所」とはどこか。

それは、「デスクの上」です。

まずは、あなたの**デスクの上から片づけを始めましょう。**

デスクの上を選定した基準は次の3つです（カッコ内はその理由）。

① **あなたが毎日使う場所である**

（ほかの場所の物に比べて最近置いた物が多い＝判断しやすい）

② **あなた自身や周りの上司、同僚がすぐに目につく場所である**

（片づけの達成感を実感しやすい、あるいは、片づいたことを周りにアピールできる、褒められる！）

③ **整理の「4つのステップ」（87ページ参照）が15分間で終わる場所**

✧オフィスの「聖域」の条件

オフィスの聖域は、
デスクの上です

では、なぜデスクなのか……。
それは

1 毎日使う
2 すぐ目につく
3 整理がすぐ終わる

ここだけは、絶対に
散らかさないように
死守しよう!

（最初はハードルが低いところから片づけて結果を出すことが、次のステップへとつながります）


ところで私は、この3つの基準で選ばれた場所を「聖域」と呼んでいます。

デスクの上が片づいたら、その場所をあなたの「聖域」として死守してください。

仮にほかの場所が散らかってしまっても、「聖域」だけは死守することで、オフィスのほかの場所にも良い影響が広がっていくのです。


では、片づけ始める場所を明確にしたところで、次に進みます。

「外に出す」が片づけの成功を決める

さあ、準備が整ったところで、片づけの実践開始です。

本日片づける場所は「デスクの上」にしました。

整理をするときに最初にやることは、片づける場所の物を「外に出す」でしたね。

「外に出す」とは文字どおり、引出しや収納場所の中に入っているものを外に出すことなのですが、デスクの上のようにすでに外に出ているもの（積み上がった書類の山、パソコン、名刺の山等）や、卓上収納具に納まっているものが混在しているスペースについてはこのように考えましょう。

アイテム①
現在収納具に入っているもの（書類トレイの書類、書類ボックスの書類、ペンスタンドのボールペンや蛍光ペンなど）↓収納具の中から、外に取り出す

アイテム②
すでにデスクの上に出ているもの（積み上がった書類の山、パソコン、名刺の山）
↓いったんデスクから別の場所に移す

アイテム②の別の場所とは、オフィス内にある打ち合わせテーブルなどです。それを一時的に借りて、「分ける」ための作業に集中する場所として使用します。

✧「外に出す」ためのポイント

片づけが苦手な人は、「外に出す」
作業をおろそかにしてはいけません

■ デスクの上の場合

収納具に入っているもの

- トレイの書類
- ペンスタンドの筆記具ほか
- ブックスタンドの本や書類　etc.

→ **収納具から外に出してデスクの上に置く**

デスクの上にあるもの

- 電話
- パソコン
- 書類の山
- 名刺の山　etc.

→ **デスクから別の場所に移す**

つまり、デスクの上についての「外に出す」という意味は、デスク上の物をいったん別の場所に移して、次のステップである「分ける」作業に入ること。これが片づけを成功させる重要なポイントだと言えるのです。

前にも言いましたが、外に出すメリットは以下の2つです。

① すべての物が見渡せるので、片づけの効率がアップする（「分ける」作業が効率的にできる）

② 減らす覚悟ができる

片づけが苦手と自覚している人は、「整理（減らす）」の第1ステップである「外に出す」を絶対におろそかにしないでください。決めた場所からいらないものだけを抜き出すような方法はやめて、この「外に出す」のステップを必ず踏んでから、次のステップ「分ける」に入ってください。

余裕のある人は、これと同じような方法で、引出しの中やデスク周りといった、デスクの上以外のエリアの物も外に出していきましょう。

「分ける」→「減らす」の具体的方法

次のステップでは、外に出した物を「減らす基準」に沿って分けていきます。

では、「減らす基準」をどのようにつくっていったらよいかをアイテムごとに考えていきましょう。

文房具は「一軍」と「二軍」に分ける

文房具の減らす基準は、「1か月以内に使ったかどうか」です。

分け方の具体的な手順は、いったんデスクやテーブルの中央に文房具をすべて置いて、それから減らす作業を始めていきます。

中央に置いた文房具のかたまりから1つずつアイテムを取り出して、1か月以内に使ったかどうかをチェックしていきます。

取り出した**文房具が1か月以内に使ったものは、「一軍」**としてデスクに向かって右側のスペースに、**1か月以内に一度も使わなかった文房具は「二軍」**として反対の左側のスペースに置いていきます。

「二軍」の文房具は、この仕分け作業終了から1か月間を暫定期間として、実際に使う機会があるかを確認します。

これら「二軍」の文房具を一時的に置いておく場所は、引出しの空きスペースかデスク足元の奥のスペースなどを活用するとよいでしょう。

なお、暫定期間の1か月の間で、実際に出番のあった文房具は、「一軍」へと昇格させます。

✧「減らす」ための基準

■ 文房具の場合

減らす基準は
「1か月以内に使ったかどうか」

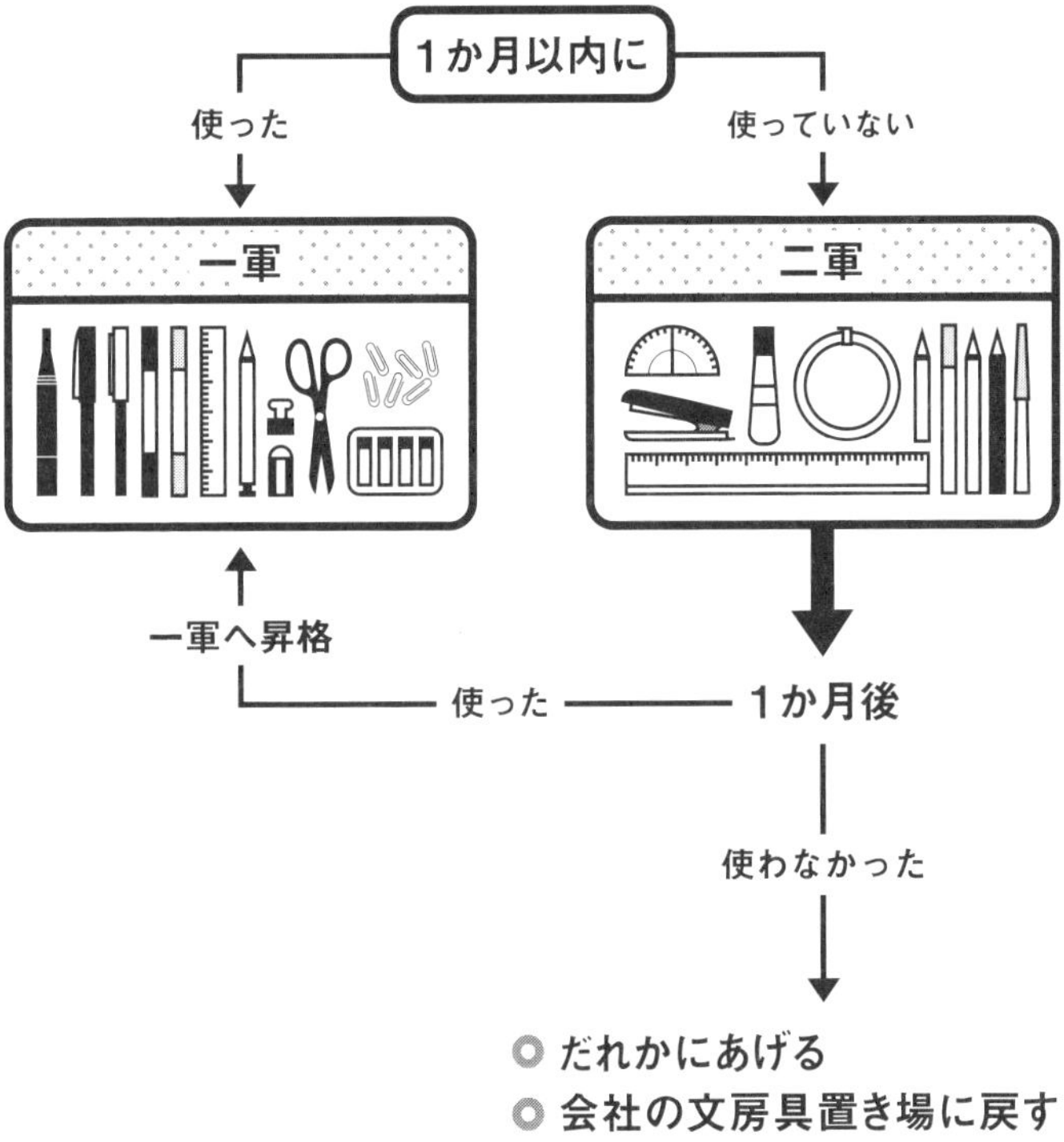
1か月以内に
使った
使っていない
一軍
二軍
一軍へ昇格
使った
1か月後
使わなかった
◎ だれかにあげる
◎ 会社の文房具置き場に戻す

書類は「1年」を基準に分ける

書類を減らす基準は、「過去1年間で見た物かどうか」で分けていきます。

過去1年を遡って一度も目を通すことがなかった書類は、これから先の1年間で見る可能性はほとんどありません。書類も過去の使用実績を考えて減らしていくことが大切です。

この基準でうまく分けられないという人には「仮に手放したとしても後で入手可能な情報かどうか」という基準を使ってみましょう。

例えば、過去の会議資料は当時出席した同僚が持っていたり、共有サーバーにファイルデータが保管されている場合は処分できます。

また、取引先の商品パンフレットは必要なときに改めて取り寄せることができるものは、いったん処分可能な物です。

さらに、インターネットから印刷した情報は、紙で持たなくてもネット上で調べることができればこれらも処分できる対象になるでしょう。

✧書類を減らす基準

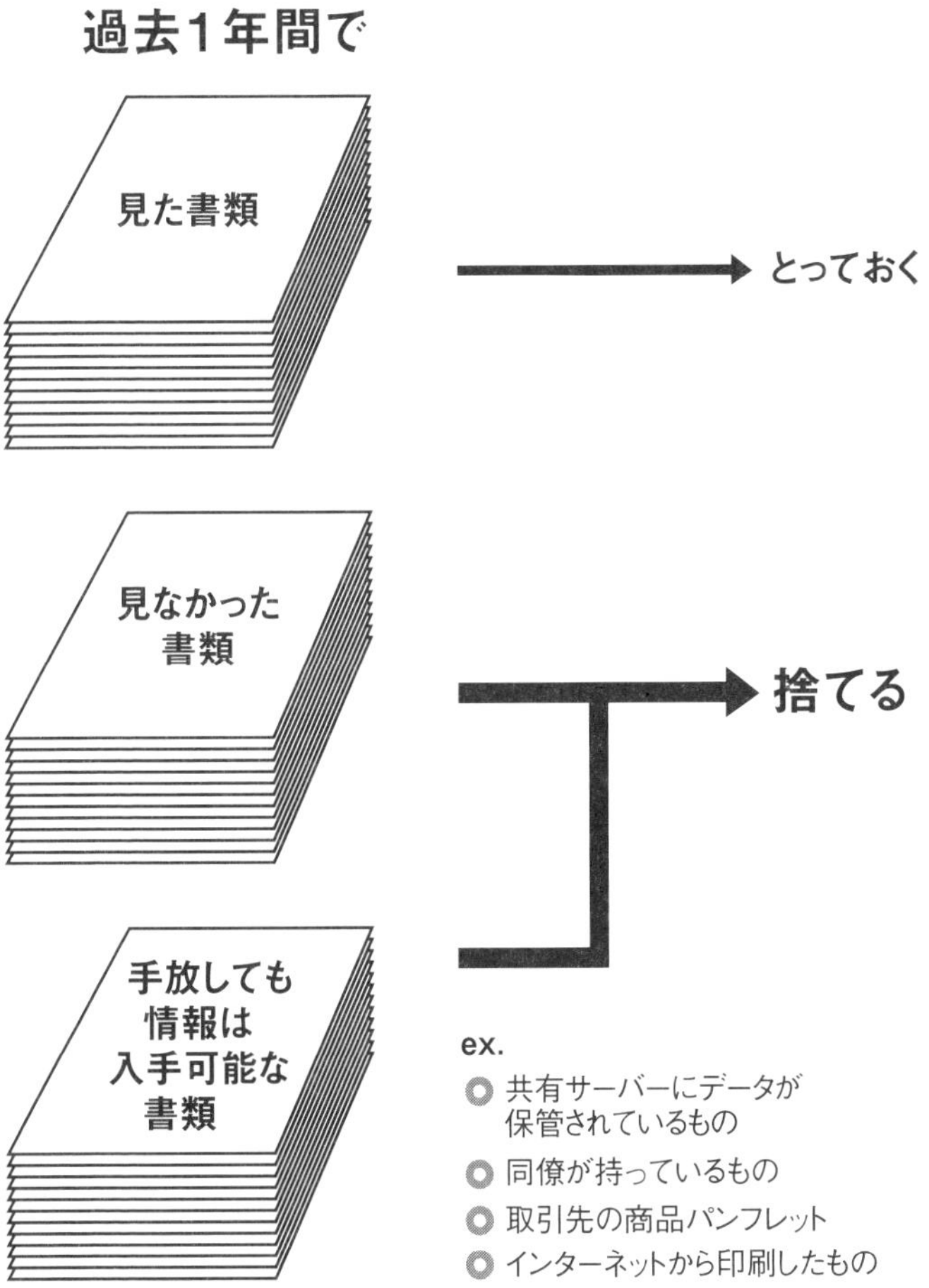
過去1年間で
見た書類
とっておく
見なかった書類
手放しても情報は入手可能な書類
捨てる
ex.
共有サーバーにデータが保管されているもの
同僚が持っているもの
取引先の商品パンフレット
インターネットから印刷したもの

名刺は「今後つき合う人かどうか」で分ける

名刺は、人と人とをつなぐツールです。そこで、名刺を減らす基準は、

①1か月以内でコンタクトをとったかどうか
②これからつき合いをする人かどうか
③名刺の名前を見て顔が思い出せるかどうか

の3つの基準で分けていきます。

まず、およそ2か月以内にもらった名刺の束は、

①の「1か月以内でコンタクトをとったかどうか」で分けていきます。コンタクトをとった人は、今後もおつき合いがある、または、

その可能性が高い人として保管する対象とします。
逆に1か月以内にコンタクトをとっていない人の名刺は
②の「これからつき合いをする人かどうか」
で分別します。
残りの3か月以上経過している名刺の束については、まず、
③の「名刺の名前を見て顔が思い出せるかどうか」
という基準で分け、
②の「これからつき合いをする人かどうか」
で分別します。

✧名刺を減らす基準

2か月以内にもらった名刺

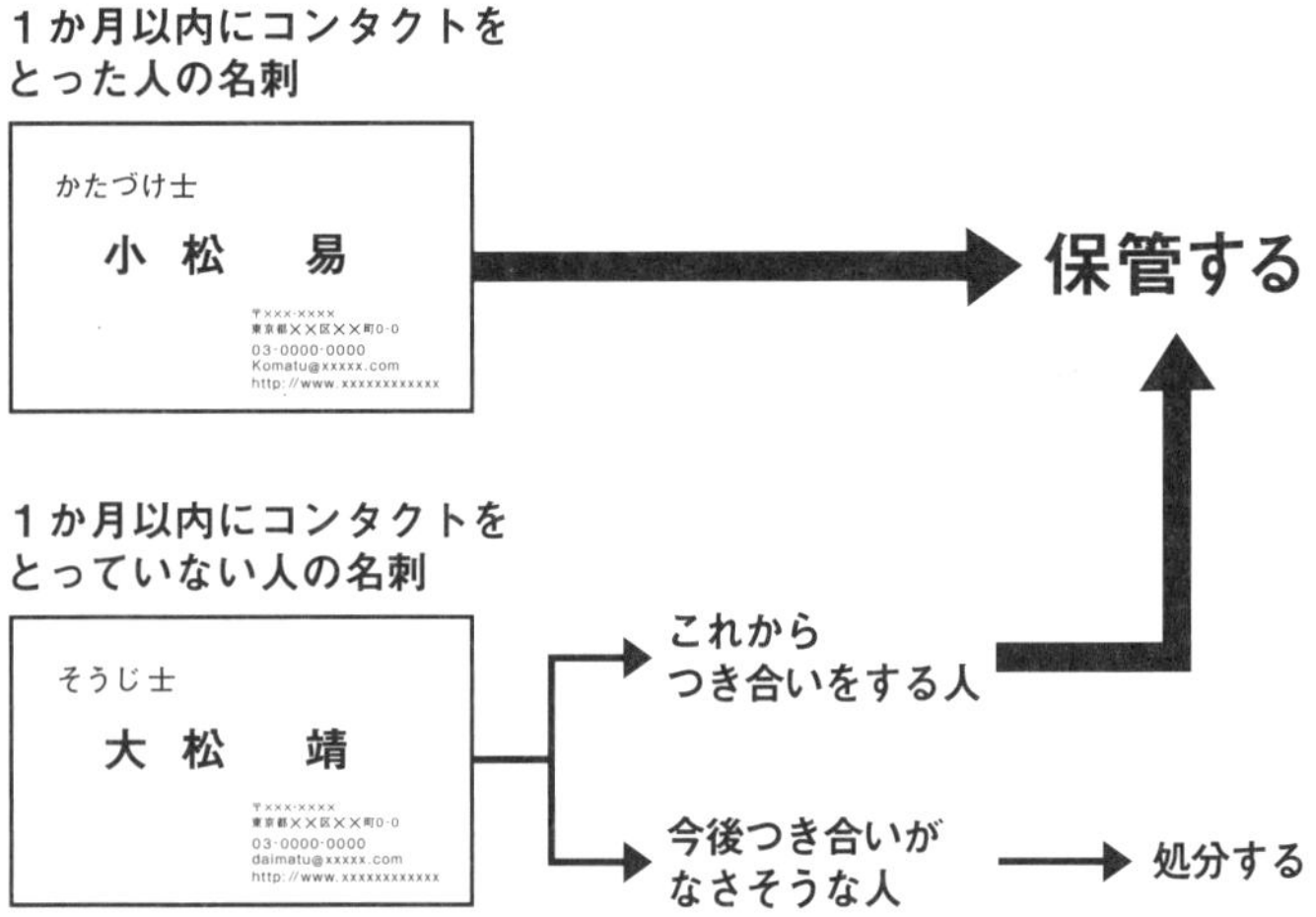
1か月以内にコンタクトをとった人の名刺
かたづけ士
小松　易
〒×××-××××
東京都××区××町0-0
03-0000-0000
Komatu@xxxxx.com
http://www.xxxxxxxxxxxx
保管する
1か月以内にコンタクトをとっていない人の名刺
そうじ士
大松　靖
〒×××-××××
東京都××区××町0-0
03-0000-0000
daimatu@xxxxx.com
http://www.xxxxxxxxxxxx
これからつき合いをする人
今後つき合いがなさそうな人
処分する

3か月以上経過している名刺

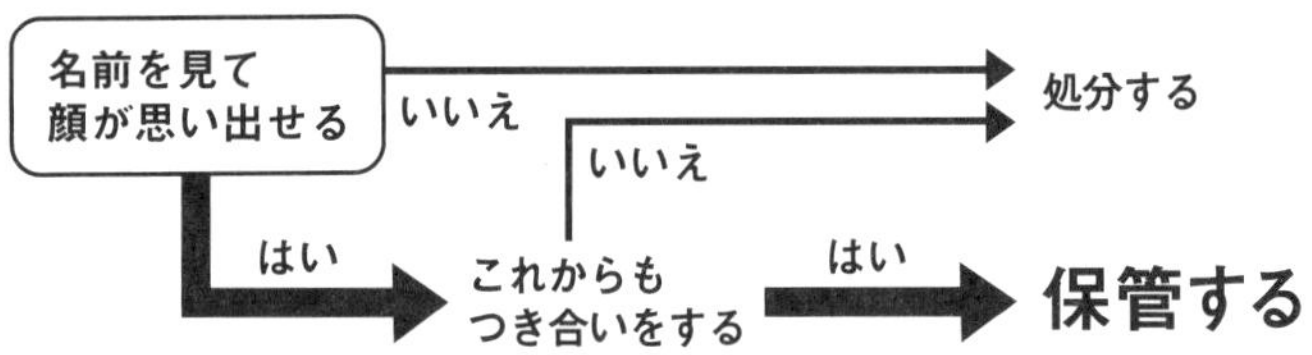
名前を見て顔が思い出せる
いいえ
処分する
いいえ
はい
これからもつき合いをする
はい
保管する

紙類は「今活用できるかどうか」で分ける

紙類には、メモ、DM、ポストイット、紙きれなどがあるでしょう。

それらに共通することは、紙の上に何らかの情報が載っているということで、あなたにとってそれが必要かどうかの基準は、**「今その情報を生かせるかどうか」**ということです。

例えば、一枚のメモに書かれてある情報は、その当時はとても重要だったかもしれませんが、「今」という時間軸で区切ったときに果たしてどれだけその情報を活用できる人がいるでしょうか？　おそらく、そのメモが一番役立ったであろうタイミングはそのメモが書かれた瞬間でした。長い時間、活用されずに放置されていたメモは、今後生かされる機会はほとんどゼロと言えます。

今活用できるかという基準は、古い自分の思考を卒業して新しい思考へ脱皮する機会なのです。

同様に、CD-Rなどについても「今活用できるか」で分けることができます。

手紙、はがきは「力づけてくれるかどうか」で分ける

手紙やはがきもなかなか捨てられない物のひとつです。

プライベートでの手紙やはがきは、思い出のために保管しているケースがあるでしょうが、ビジネスの場合は、別の手放せない理由があるようです。

それは**「住所データベースに登録したかどうか」**です。

その場合、データベースに登録、あるいは更新した物は手放すというようにしましょう。もっと言えば、住所はデータ化するなどして一元化しておけば、いつまでも紙で取っておく必要はありません。

特別な思い出があるもの、例えばその手紙やはがきによって勇気づけられる、ワクワクするといった、プラスの力を得られるものは別として、基本的には処分するようにしましょう。

✧手紙、はがきを減らす基準

相手の住所を
データベースに登録しましたか?

していない → **データ化してから手放す**

した → **手放す**

しかし、

◎特別な思い出があるもの
◎プラスの力を得られるもの
] **保管する**

最後は「しまう」＝「元にあった場所に戻す」に徹する

「減らす」基準で、要・不要の物が明確になりデスク周りの物の量がかなり減ったと思います。

ここでは残った物、つまり「取っておく」と決めた物について説明します。

片づけが苦手な人は、ただ「元に戻す」

「整理の4つのステップ」の4番目である「しまう」は、言い換えると「元にあった場所に戻す」ことです。「元にあった場所」とは文字どおり、純粋に最初に置かれていた場所に戻すということなのです。

　ここで、「どうして、ただ元に戻すだけでいいのか？」「使いやすい置き場を決めて、そこに配置しなくていいのか？」という声が聞こえてきそうですが、「整理」の途中ではあえてこのプロセスは行いません。

　つまり、ここで伝えたいポイントは以下のとおりです。

①　4番目の「しまう」とは純粋に「元にあった場所に戻す」ということ
②　片づけると決めた場所やコーナーの「整理」が終わるまでは、4つのステップに徹する
③　②が終わったら、初めて「整頓」（使いやすいように置く、配置する）をする

　ただし、この話はあくまでも片づけが苦手な人へのアドバイスであり、片づけが得意な人は、「しまう」のところで整頓を開始しても構いません。

　片づけが苦手な人は、片づけを始めるとつい物の置き場を考えることから始めてしまい、いつも満足のいく結果が得られません。そういう意味でも片づけが苦手な人に対して、あえて極端なくらいに、ひとまず整頓を省いて整理だけに徹底した片づけに取り組んでいただきたいのです。

片づけの「クセ」別、具体的な片づけの手順

第2章で片づけの「クセ」を、タイプ別に分けましたね。片づけを確実に成功させるためには、それぞれのタイプに合った手順に沿って行うことです。

そこでタイプ別の片づけ手順をまとめてみました。

◆「タイプⅠ無関心型」「タイプⅡ先延ばし型」「タイプⅢ迷走型」の人は、

片づけが比較的苦手で、物も多いので、減量作戦に徹しましょう。

94ページの図にある「エリア1」～「エリア8」すべての場所を、

①外に出す→②分ける→③減らす→④元にあった場所に戻す

の順に「整理」をし、それがすべて終えたら次の章の「整頓」を開始してください。

◆「タイプⅣリバウンド型」「タイプⅤ片づけマスター型」の人は、

片づけが比較的得意なので、物が少なくなった段階で整頓までやってしまいましょう。

「エリア1」～「エリア8」それぞれを毎回次の手順で行います。

①外に出す→②分ける→③減らす

の作業が終わったら、④の元にあった場所に戻すことはせず、整頓する（使いやすい場所を決め、配置する）作業に入ってください。

さあ、次の章からいよいよ「整頓」をしていきましょう。

4章

機能的に整頓するテクニック

オフィスの理想はコックピット

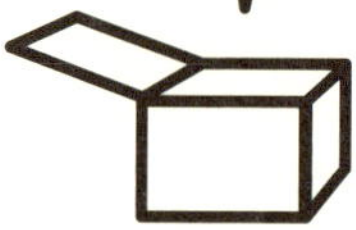

オフィスでの**デスク周りは、飛行機のコックピットのような状態が理想です。**

なぜなら飛行機のコックピットが数百の計器やアイテムを瞬時に確認したり、すぐ使える状態を求められているように、オフィスにおいても必要なタイミングで必要な物がすぐどこにあるかがわかり、すぐ取り出し、すぐ使える状態を本来は必要とされているからです。

前の章までで不要な物を減らす「整理」をしてきましたが、第4章ではいよいよ「整頓」に入っていきたいと思います。

整頓の目的は、機能性と美観をつくり出すこと

「整頓」とは、使いやすいように置く、配置することです。そして、整頓の目的は、大きく分けて以下の2つになります。

① 機能性を高める
② 美観を高める

機能性とは、いつでも必要な物が必要なときにすぐ取り出せる状態のこと。

美観とは、スペースの美しさや見栄えのこと。

どんな場所においても、整理を終えた後、その次の整頓でこれら2つの目的である機能性と美観を考慮して作業を進める必要があります。

では、機能性と美観、どちらがより大切だと思いますか？

答えは場所によって異なります。つまり、その場所をどのような目的で使用するかによって、機能性と美観のどちらが大切かが決まるのです。

例えば、店舗スペースではお客様からどう見られるかという視点がとても大切ですから、機能性よりも美観が重視される傾向にありますし、反対にオフィスにおいては中で働く社員がいかに効率よく仕事を進められるか、ということが大切になりますから、美観よりも機能性がより重視されることが多いのです。

機能性を高めるために、置き場所を考える

それでは、オフィスで機能性を高める方法について考えていきましょう。

オフィスの機能性を高める第一歩は、物の置き場を決めることです。一見当然のことのようですが、多くのオフィスで、この当たり前のことができていません。

「いや、大体決まってます」とか「書類は大丈夫です」という声が聞こえてきそうですが、「大体、または、ある程度決まっている状態」では残念ながら置き場を決めた

ことにはならないのです。

オフィスにおいて、書類や物の置き場を決めるということは、必要最低条件になります。置き場を徹底的に決めることなしには、機能的できれいな状態を維持することは無理だと言わざるを得ません。

さらに、この置き場を決めるには、考えるべき3つの要素があります。

①　何を置くか

②　どのくらい置くか

③　どのように置くか

以上の3つの要素を、置き場を決める際に考慮して作業を進めていきます。

例えば文房具の置き場を決めるというときには、まず

①　何を置くか………ボールペン
②　どのくらい置くか………2本（黒ボールペン1本と赤ボールペン1本）
③　どのように置くか………ペン皿を利用して横にして置く

というように3要素を考えて置き場を決めていきます。

美しく整ったスペースは連鎖する

次に美観について考えていきましょう。

片づけといえば、「きれいにする」「美しく、見栄えよく見せる」あるいは「清潔な状態にする」という言葉がすぐ浮かんでくるように、美観を高めるということは当然ながらとても大切な目的です。

ただし、美観というのは、ただきれいさや美しさをつくり出すだけではありません。

✧整頓するときのポイント

整頓➡使いやすいように、物を配置すること

■ 整頓の目的

1　機能性を高める

……効率よく仕事ができるようになる

- ◎ 何を置くか
- ◎ どのくらい置くか
- ◎ どのように置くか

この3つのポイントを押さえれば、機能的なデスクになる

2　美観を高める

……快適に仕事ができるようになる

デスク周辺は、コックピット状態が理想です

特に複数の人が集まっているオフィスにおいては、美観というものに対してもうひとつ大きな意味を含んでいるということを知る必要があります。

その意味とは、美しさがより美しさを呼び起こすということです。つまり、美観を高めるということは、**オフィスの中に一つの美しく整ったスペースをつくることであり、そのスペースがさらに別の美しく整ったスペースをつくり出すきっかけになっていく**からです。

整頓からオフィスの中に機能性と美観をつくり出すことで、より効率が良く快適で仕事が進む環境を手に入れることができると言えます。

それでは、次のページからオフィスの多くを占めているデスク周りの各スペースの、どこに、何を、どのように置けばいいのかを、具体的に見ていきましょう。

どこに何を置くかで整頓力が決まる

デスクにおける整頓で最も大切な要素は、**どこに何を置くか**です。

それを決める基準は、「あなたがどのくらいの頻度でそれを使うか」という使用頻度。つまり、あなたがよく使う物が「近く」に、あまり使わない物は「遠く」に配置するというのが基本的な考え方になります。

次に大切なのは、**どのくらい置くか**という適量を考えることです。

適量を考える基準は、「一定の期間にどのくらい使うか」で決めていきます。

最後にそれらを**どのような方法で置くか**を決めます。

縦にして置くか、横にして置くか、平積みにして置くか、箱に入れて置くか、保管方法と置き方の状態などを決めていきます。

以上3つの要素が決まると、完璧に整頓ができます。

デスクの上（エリア1）は、パソコンと電話だけ

デスクの上はあくまでも作業する場であり、物を置く場所ではないことを心得ましょう。

これは、アートディレクターの佐藤可士和さんが、著書『佐藤可士和の超整理術』の中で記している言葉です。

つまり、素晴らしいアイディアやひらめきは、整理整頓されたデスク周りから生まれるということです。

それでは、整理整頓されたデスクとはどのような状態のものなのか、具体的に見ていきたいと思います。

✧デスクの上に置くもの

デスクの上に置いていいものは、
パソコンと**電話**だけ!!

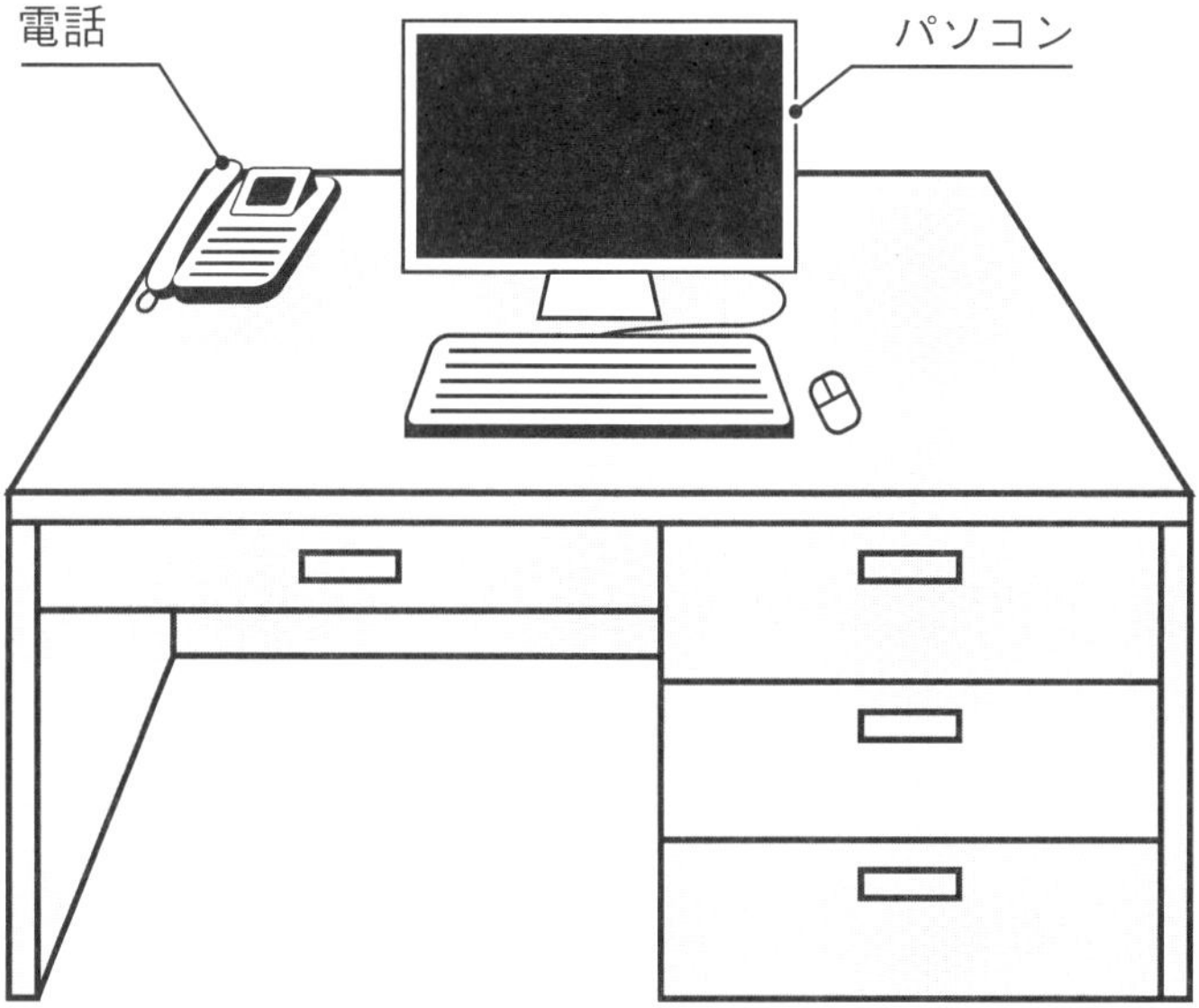

NGアイテム
- ペン立て
- デスクマット

→ **デッドストックになる**

デスクの上に常時置くアイテムは、基本的にパソコンと電話の2つだけにしましょう。なぜかというと、デスクの上にさまざまな物が置かれていると、それらの物に気をとられて、今やるべき仕事に集中することができなくなるからです。

また、デスクの上によく置かれるペン立ては、出し入れしやすいというメリットがある半面、逆に何でも入れやすいというデメリットにもなって、気がつくと使わないペンが9割というデッドストックになってしまうというリスクが伴います。

ですから、作業する場として集中でき、効率の良い仕事が進められる理想的なデスクの上とは、シンプルにパソコンと電話だけが置かれている状態を基本の形とすべきなのです。

手前の引出し(エリア5)は基本的に何も入れない

あなたはデスクの手前の引出しに何を入れていますか?

文房具、書類、メモ、それとも回覧板を入れていますか?

この引出しに何を入れるかと言いますと、ここは**基本的に「空」にしておくスペース**です。

こういうと「何も入れないスペースなら、なぜここに引出しがあるのですか?」という質問が出てくるかもしれません。

実は「空」にするというのは、退社時にそうするのであって、仕事中に「仕掛中、作成中」の書類を一時的に入れておくスペースとして活用します。昼休みや外出時の短い時間に席を離れる場合に今作成中の書類をいったんしまっておくスペースなのです。

一日の仕事が終わり退社する際には、この引出しに入っている書類を「エリア4＝右側・下の引出し」にしまいます。

デスク右側・上の引出し(エリア2)には文房具を

整理の第3章で「エリア2」に指定した、**デスク右側・上の引出しには文房具**を入れます。

減らす作業をして適量になった文房具を、ここではどのように配置したらよいのかを説明しましょう。

整頓の基本は使いやすいように置く、配置するですから、このスペースもあなたにとって、常に文房具が使いやすく配置された状態をつくる必要があります。

つまり、**席に座って引出しを開けたときに、普段よく使う文房具から順番に視界に入ってくる置き方が最適**と言えるのです。

その際、左ページの図のように、引出しを手前から奥に4つに分割して文房具をそれぞれ配置していきます。

まず、1の場所にはボールペンやシャープペンシルなどの筆記用具を入れます。2の場所には付箋紙や消しゴム、クリップなどを入れます。3の場所にはホチキス、メモ帳、短い定規などを入れます。

最後に4の場所には切手や印紙など、あまり出番のない物や付箋紙、メモ帳のストック（二軍）などを入れておきます。

✧引出しの中に入れる物

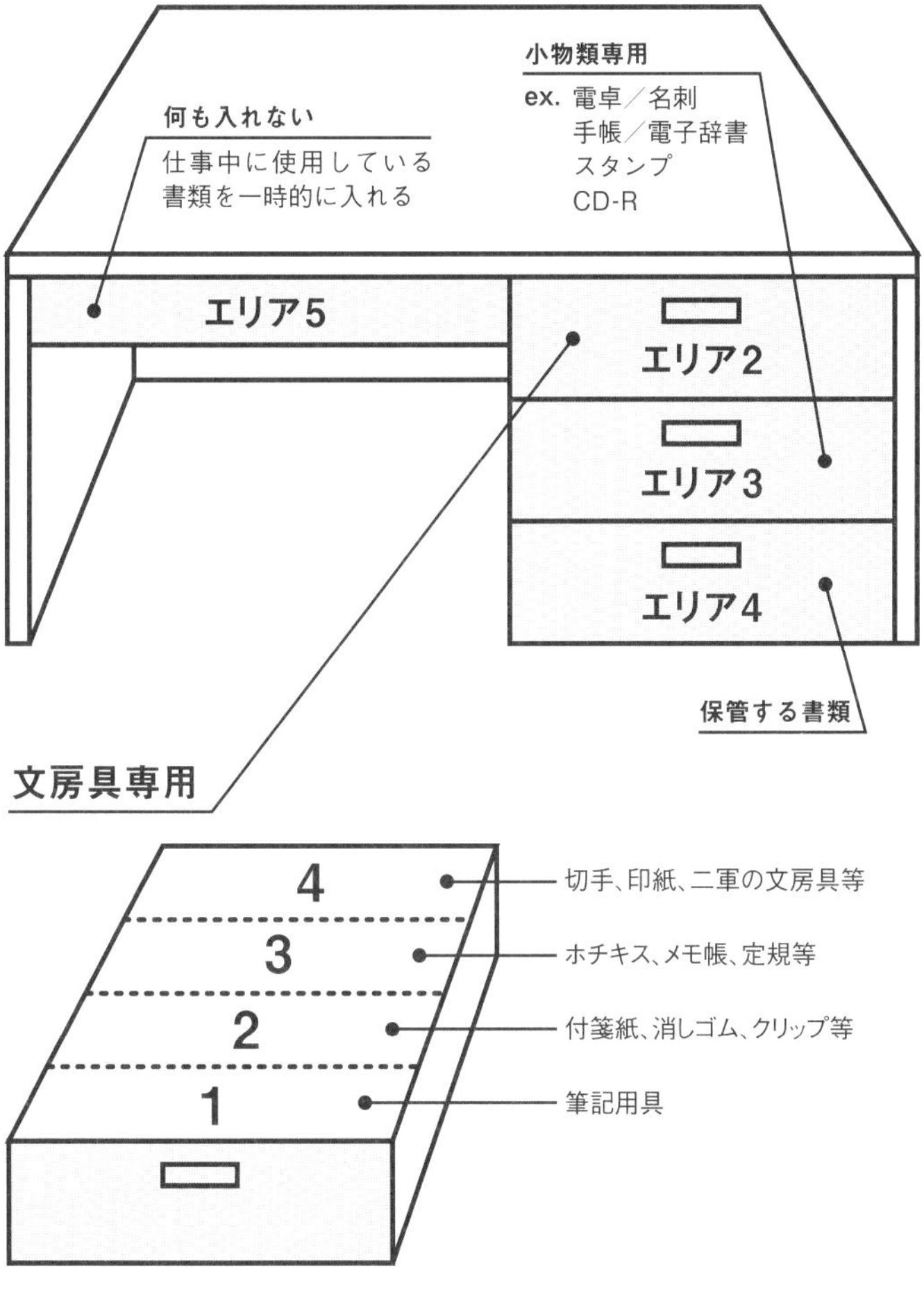

小物類専用
ex. 電卓／名刺
手帳／電子辞書
スタンプ
CD-R
何も入れない
仕事中に使用している
書類を一時的に入れる
エリア5
エリア2
エリア3
エリア4
保管する書類
文房具専用
4
3
2
1
切手、印紙、二軍の文房具等
ホチキス、メモ帳、定規等
付箋紙、消しゴム、クリップ等
筆記用具

デスク右側・中の引出し（エリア3）には小物を

エリア3に指定した、**デスク右側・中の引出しには小物**を入れます。

小物とは名刺、電卓、手帳、電子辞書、辞典、スタンプ、CD-Rなどです。

置き方のポイントは、すべてのアイテムが上から見てわかることです。言い換えると、引出しを開けたときに何がどこにあるかすべて見渡せ、どのアイテムも1アクションで取り出せるのが理想だということです。

このスペースには、書類が平積みで置かれる場合がよく見受けられますが、これはあまりおすすめできません。理由は、平積みされた一番下の書類は、数か月または1年以上一度も見られることもなく死蔵してしまうリスクがあるからです。

こうなるとその書類が生かされないばかりか、そのスペースが無駄になってしまいます。書類に限らず、「上から一目でわかる」を心がけてほかのアイテムも配置してみましょう。

「保管」することと「保存」することは違う

「保管」と「保存」という2つの言葉、その違いはご存じですか？

オフィスではスペースが限られているにもかかわらず、保管と保存の区別が曖昧なことで、頻繁に使う書類がほとんど使っていない書類と混在して、書類もスペースも生かされていない状況がよく見受けられます。

米国記録管理協会の調査によると半年で90％の書類は使われず、1年で1％程度しか使われないといいます。

実は、保管と保存の目的は少し異なるのです。

保管とは、「必要なときにすぐ出せる」こと、そして保管している最中にも、**「内容の修正、追加、削除などができる」**ということを前提に、物を置いておくことです。

それに対して**「保存」は、「現状をそのまま保つ」**ということを意味しています。例えば災害などのために蓄えておく「保存食」という言葉を考えてみてもわかるでしょう。保存され始めたら、基本的には**「修正、追加、削除などはできない」**と考えてください。

書類は、自分で作成したり、上司からもらったり、誰かから送られてくるものです。その書類を保管する場所は、自分の手元の場合もありますし、共通の棚になるかもしれません。ある程度保管したら、年度末の翌月などに「保管を継続する書類」と「保存される書類」、そしてその時点で「処分される書類」に分けます。

保管書類はオフィス内、保存書類はオフィス外（倉庫やトランクルームなど）に、その目的で別々の場所に置いておきます。

最終的に保存書類は、社内規定や法定期間に従って、一定期間（1年〜10年くら

✧保管する書類、保存する書類

	保管する書類	保存する書類
特徴	◎業務で日常使用するもの ◎修正、追加、削除が可能	◎現状のまま置いておくもの ◎修正、追加、削除は不可
しまう場所	オフィス内のデスクの引出し、ロッカー、共用棚等	オフィス外の倉庫、トランクルーム等またはロッカー等
処分の目安	プロジェクトや年度ごとにファイルを仕分けし、それぞれ保存に移すタイミングを決め、時期がきたら保存書類と処分書類とに分ける	社内規定や法定期間に従って、一定期間（1年〜10年くらい）を経てから処分する。永久保存書類は例外

い）を経て破棄します（一部の「永久保存書類」は例外です）。

そこで、きちんと保管するために、次のポイントを押さえるようにしましょう。

① 保管方法を明確にする

（プロジェクトや年度ごとに書類をファイルし分けるなど）

② 保管から保存に移るタイミング（時期）を決めておく

③ ②の時期が来たら、保存書類や処分する書類は必ずオフィスの外に出す

この3つのポイントがわかったところで、次の項目からどこに、何を、どのように保管・保存するかをお伝えしていきます。

デスク右側・下の引出し（エリア4）には保管する書類を

エリア4に指定した、**デスク右側・下の引出しには書類を入れます。ただし、書類**

の中でも「保管する書類」（一部「仕掛中の書類」）を収納します。

これらの書類の置き方のポイントは、使用頻度の高い物を手前に、低い物を奥に配置するということです。

さらに整頓の大原則は「使いやすいように置く、配置する」ですので、当然デスクの使用者であるあなたが座った場所を基点として引出しの書類が出し入れしやすい配置を考慮して決めていきます。

１４２ページの図のように、Ａ４サイズの書類が入るファイルボックスを５個引出しに入れて、１番から５番まで使用頻度の順に書類を保管していきます。

ただし、１番には、日中「エリア５＝手前の引出し」に一時的に置かれていた仕掛中の書類を入れて帰るのが理想です。

最後に、このスペースもほかの引出しと同様に「上から一目でわかる」の原則に従って書類を入れていきます。

✧デスクに書類を保管する方法

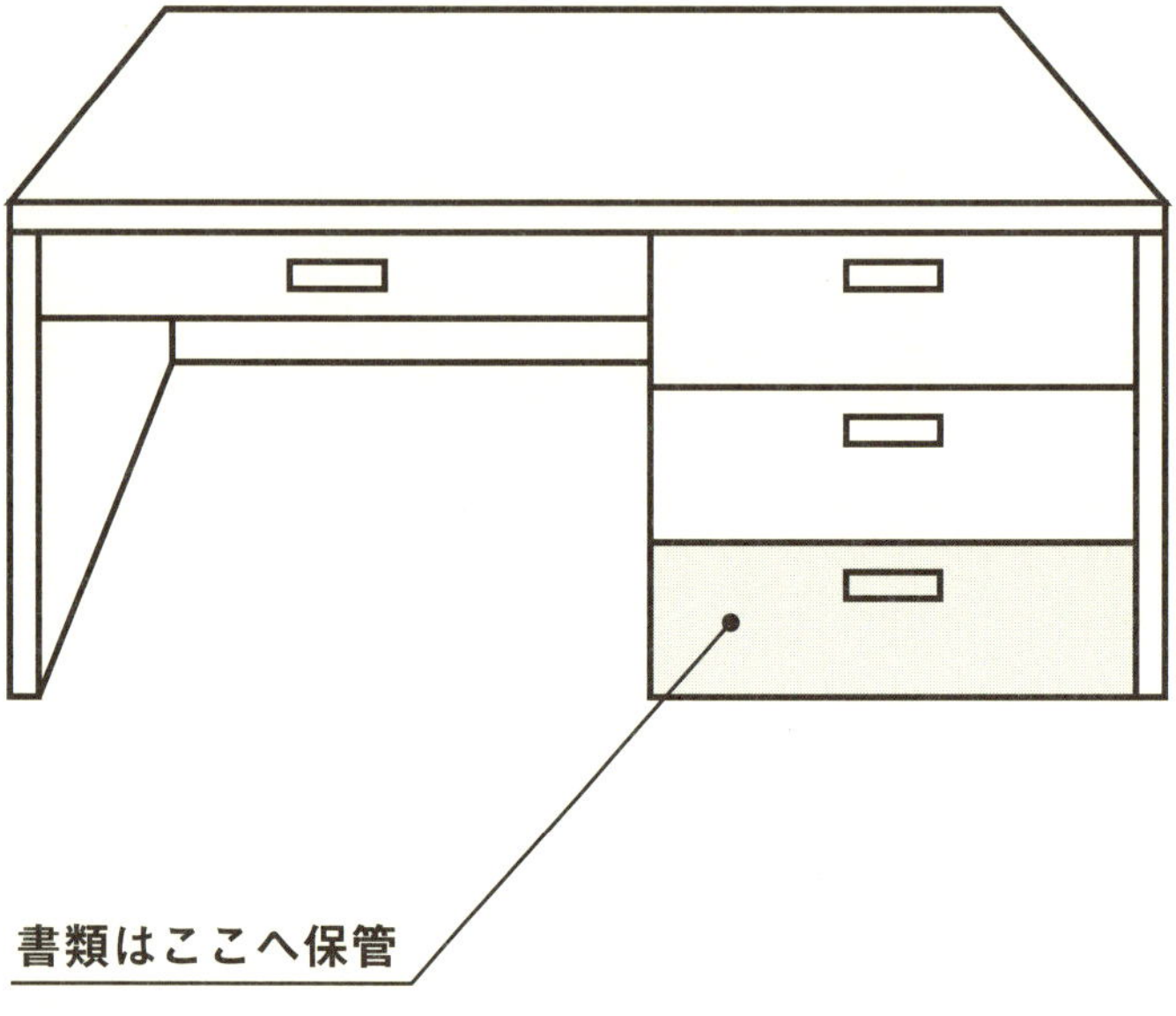

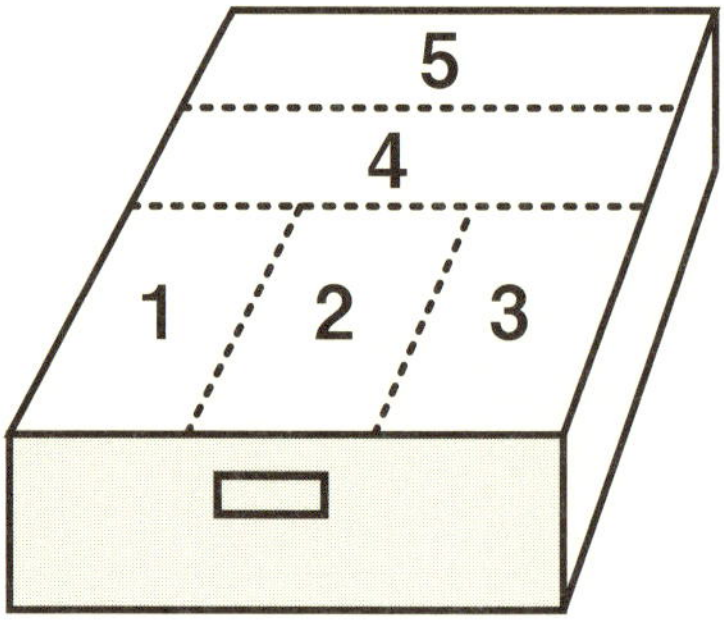

A4サイズの書類が入るファイルボックスを、図のように5個入れて、1番から5番まで使用頻度の順に保管する

書類は「A4化」するとスッキリ整頓できる

書類はA4だけではなく、さまざまなサイズがあります。それらの置き場もやはりこの「エリア4＝右側・下の引出し」に統一します。

ただし、A4よりも小さいサイズの書類は、引出しに入れるとA4の書類と書類の間に隠れてしまい、いざ必要なときに見つからなくなったり、先ほどの「上から一目でわかる」の原則に合致しない状態になって見た目もあまりよくありません。

これらの対処方法としておすすめしたいのが、書類をすべて「A4化」するという方法です。**「A4化」は市販のA4サイズのクリアホルダーを利用して、どんなに小さい書類や紙もいったんそこに収納**します。

このひと工夫だけで、小さい書類だからといって「エリア4」以外の引出しについ入れてしまうことがなくなり、帰宅時にはすべての書類や紙が一か所に一元化され、見た目もスッキリと統一感を出すことが可能になります。

そで机には「エリア4」に入りきらなかった書類を

そで机の引出しは会社や部署によって、大きく専用と共用に分かれます。

専用で使用している場合、「エリア4＝右側・下の引出し」に入りきらなかった保管書類や資料などを入れるスペースにします。「エリア4」は「仕掛中の書類」と比較的よく使う「保管書類」の置き場所として、そで机の位置づけとしては「二軍」として比較的出番の少ない書類置き場とするという方法があります。

例えば、現在進行中のプロジェクトの資料は「エリア4＝右側・下の引出し」、完了または一時停止のプロジェクトの資料はそで机の中というように分割して収納するという方法があるでしょう。

いずれにしても、収納方法は**書類を縦にして、上から見て何があるのかがわかる入れ方が基本**になります。

ロッカーには最小限の私物と保存書類を

ロッカーには最小限の私物と、個人扱いの保存書類や資料などを置きます。使用頻度は低いけれど、必要なときにすぐ出せる状態にしておく必要がある書類などです。

置き方は、横から見て何が入っているか一目でわかるように、できるだけ私物や書類が重ならないように置きます。やむを得ずどうしても量が多くなってしまったら、ロッカーに何が入っているかが一目でわかる、簡単な一覧表やエリアマップなどをロッカーの扉に貼っておくと、出し入れに困りません。

また、デスクに鍵がかからない場合は、鍵のかかるロッカーを活用するという方法もあるでしょう。

最近は、オフィスによってフリーアドレスにしているところも出てきました。その場合デスクに引出しがなく、個人の収納場所はロッカーのみという会社もあります。それぞれの状況に応じて、使いやすいようにロッカーの中をアレンジしましょう。

フリーアドレスのオフィスでは使用頻度順にロッカーに収納

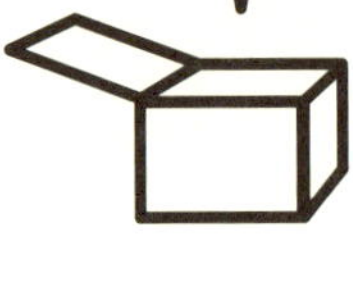

オフィスによって、各人がデスクを与えられている場合から、フリーアドレスの場合まで、さまざまな状況が考えられます。

もしあなたの個人スペースが、デスクしかない場合は、デスクの「エリア１」〜「エリア５」を、１２９ページ〜１４３ページにわたって書いたように使用してください。

さらにデスク以外のそで机がある場合は、引出しの上、中、下（あるいは上、下）の順番で、使用頻度順に収納します。

フリーアドレスの場合は、個人で決まったデスクがありませんから、そで机か自分のロッカーが書類と文具の収納スペースになります。

そで机は前述した順番に、ロッカーについては取り出しやすさを考えると上から下の順に、また手前から奥の順に使用頻度の高い物から収納していくとよいでしょう。

5章

かばん、パソコンも
整理整頓する

かばんの中を整理整頓する

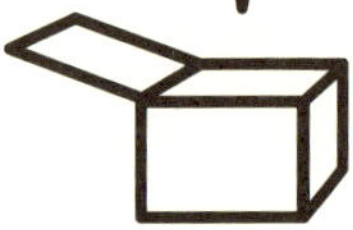

仕事での必需品といえば、〝かばん〟ですよね。

オフィス以外で仕事をする際に、デスクの代わりになるのはかばんですから、デスクの整理整頓ができたら、次はかばんの整理整頓も一緒に行いましょう。

かばんの中身はデスクのように、整理整頓された状態が理想。そうでなければ商談などで客先を訪れたときに、最高のパフォーマンスを発揮することはできません。

ここでは、かばんの中の片づけについて、具体的な方法をお伝えしたいと思います。

かばんはあなたの移動オフィス

あなたはいつも持ち歩いているかばんに何を入れていますか？

ビジネスパーソンであれば財布、手帳、筆記用具、仕事に必要な書類、ノートパソコン、ノート、名刺入れなど、仕事に必要な道具が入っていると思います。

では、ここで質問です。

まず、あなたのかばんの中を見てください。どこに何が入っているか一目で確認することができ、すぐに必要なものを取り出すことができますか？

この質問に「はい」と答えられた人は、デスクだけでなく、かばんの中も整理整頓ができている人です。

逆に「いいえ」と答えた人は、あなた自身の仕事のパフォーマンスを最大限に発揮できない環境にあるのです。

すぐにかばんの中を整理整頓しましょう。

かばんの中に仕切りのあるタイプの整理整頓

かばんにもさまざまなタイプがありますが、大きく分けると、中に仕切りのあるタイプとないタイプの2種類に分けられると思います。ここでは、かばんの中に仕切りのあるタイプの整理整頓について見ていきたいと思います。

仕切りのあるタイプは一見、整理整頓がしやすいように思われますが、仕切り方や仕切られた空間の広さなどを考えておかないと、逆に使いづらくなってしまいます。

かばんの整理整頓もデスクと同様、片づけの基本動作に沿って、まずは物を減らしてください。仕事に必要なものだけ残ったら、あなたが一番使いやすい、もしくは取り出しやすいようにかばんの中にしまってください。

残ったものに仕切りの大きさが合わないときには、物の大きさを統一することをおすすめしています。

例えば、A4の書類が横に入るスペースに、A4より小さい書類やパンフレットを入れる場合は、A4サイズのクリアファイルなどに入れて大きさを統一することで、スペースを有効に活用することができます。

このように使いやすいように配置することで、かばんもあなたの仕事力とパフォーマンスを上げてくれる力強い味方になります。

かばんの中に仕切りのないタイプの整理整頓

次に、仕切りのないかばんの整理整頓です。

まずは片づけの基本動作、物を減らします。仕切りがないタイプのかばんは、仕切りのあるタイプと違い、広いスペースがあります。どのようにスペースを活用すれば、あなたにとって一番使いやすいのかを考えてみてください。

仕切りがないかばんを使っている人への私からのおすすめ収納方法は、小物（筆記用具など）は旅行などで使う小さなポーチに入れることです。

しかも透明のポーチだと、中に何が入っているか、どのような状態になっているのかがひと目でわかるので、より便利です。

ポーチを使うことで、

①　ものがばらばらになるのを防ぐ

②　空間の仕切りになるので、かばんを上から見た状態で何が入っているのかを一目で確認することができる

③　必要なときに必要なものがすぐに取り出せる

といった利点がありますので、ぜひ使ってみてください。

パソコンの中を整理整頓する

仕事をする上で、今やパソコンは欠かせないツールになっています。

ですが、デスク同様にパソコンの中の整理整頓ができていないために、仕事のパフォーマンスが上がらない人を多く見てきました。

この機会にパソコンの中も整理整頓しましょう。

モニター上のアイコンは3列以内にする

あなたのパソコンのデスクトップ上にアイコンは何列ありますか？

この質問に3列以内と答えた人は、パソコンのモニター上は整理整頓ができています。逆に3列以上と答えた人は、今すぐに**モニター上の整理整頓を行い、アイコンを3列以内にしてください。**

アイコンが3列以上ある人には共通点があります。

それは「ファイルをとりあえず置く」ということです。このとりあえずが重なると、モニターはアイコンで埋まり、必要なファイルを見つけるのに時間がかかってしまいます。

また、モニターにアイコンをたくさん置くと、パソコン自体のパフォーマンスが落ち、作業のスピードも失われてしまうので、いっそう仕事のスピードが遅くなります。

ですからまずは、モニター上を整理整頓しましょう。

3クリック以内で見つけられるようにファイルを置く

企業のコンサルティングに伺うと、「必要なファイルがすぐに見つからない」ということをよく耳にします。

そのような悩みに私は**「ファイルは3クリック以内で見つけられるところに置いてください」**とアドバイスをします。

なぜ3クリック以内かというと、インターネットの世界で、3クリック以内に目標としているところにたどり着けないと、そのサイトから離脱するという定説があるからです。

これはパソコンでファイルを探しているときも、同じことが言えるのです。3クリック以内でファイルを見つけることができないと、探すのが嫌になっていくのです。

ですから必要なファイルは、3クリック以内で見つけることができるように、フォルダの階層が浅い所に置いてください。探す時間と、見つからないストレスが軽減され、仕事のパフォーマンスが変わってきます。

不要なファイルが必要なファイルを隠す

資料を作成していると、完成するまでにいくつものファイルができ上がり、どれが最終版のファイルなのかがわからなくなることがありますよね。

例えば、完成版のファイルがVer．5だとするとVer．1～4までのファイルは必要ないですよね。

この1から4までのファイルを完成版のVer．5のファイルと同じフォルダに入れておき、まちがってVer．4のファイルを先方に提出してしまったら大変なことになります。


必要なくなったファイルは、イージーミスを防ぐことにもなりますから、すぐに削除してください。

仕事の上で、古くなったファイルを見返すことは、ほとんどありません。

散らかりリバウンドしないために

6章

整理整頓を仕事の一部と心得る

ここまで読んで、オフィスでの整理整頓方法がおわかりいただけたと思います。

片づけができている人は仕事のスピードも早く、パフォーマンスが高い。

これは、片づけコンサルティングをしてきた経験から見えてきた事実です。

この章では、きれいに片づけた後のことについて書いていきたいと思います。

というのは、「よし！」と思って片づけをしても、一時はきれいだったのに、またしばらくすると元の状態に戻ってしまう、いわゆるリバウンドしてしまうというケースが多いからです。

整理整頓を維持できるかできないかということも、仕事のパフォーマンスに影響し

てきますし、もっと言えば、片づいた状態を維持していく行為が、仕事力をつけるトレーニングにもなるのです。

きれいな状態をいかに維持し、二度と乱雑なデスクにならないために、どうすればいいのか。それには、整理整頓を仕事の一部として心得るようにしましょう。

整理することで仕事がはかどる

まず最初に、整理整頓を日常的に行うことが、仕事にどういう影響を与えるかについて書きましょう。

第3章で整理するための、4つの基本動作をお伝えしました。

その基本動作に、「分ける」と「減らす」という項目がありましたね。この「分ける」「減らす」行為を仕事に応用することで、取り組むべき業務の優先順位を的確に判断し、効率的かつ効果的に業務を遂行できるようになります。

「分ける」という言葉には、理解するという意味の「分かる」と同じ「分」の漢字が使われています。

つまり**整理で常に「物」を分けることが、仕事で扱うさまざまな「事」の、何が重要で、何を後回しにすればいいかを、判断する訓練になる**と言えるのです。

まさに「分ければ、分かる」というわけです。

さらに、基本動作の「外に出す」は、片づけたい場所の中にある物を、いったん全部外に出すという動作でしたね。

これはあなたの仕事の効率を上げることにも役立ちます。

例えば仕事で行き詰まったり、止まったりしたときに、多くの人はつい頭の中だけで、良い考えを捻り出そうとしますが、そのようなときこそ頭の中にあることを紙に書き出したり、パソコンに打ってみたりして、すべて外に出してみるべきなのです。

外に出すことで、自分の頭にあることが客観視できますし、思考の堂々巡りから抜け出せ、より良いアイディアを生み出すきっかけになるのです。

また「しまう」という動作も、仕事において大変重要になります。

第3章で述べたとおり、「しまう」は必要だと決めた物をあえて整頓せず、ただ元にあった場所に戻すということでした。つまり潔く徹底して、最初に決めた基準に沿って物を減らすことだけを行うということなのです。

このことを仕事に置き換えると、今やるべきことを的確にとらえて、ぶれずに徹底して遂行するということになります。

仕事の過程で、「こうしたほうが、もっと良くなるのではないか」という考えが浮かんできたりしますよね。そうなると最初に決めたものを方向転換することになり、かえって混乱する場合がままあるのです。

時間も無駄ですし、仕事の焦点が定まっていないので、仕上がり結果もそこそこになる可能性が高い。

「しまう」を徹底して行うことは、目的遂行のために、あえて「無駄なことはやらない」という、毅然とした態度を身につける機会にもなります。

整頓と維持で仕事がはかどる

整頓とは、あなたが使いやすいように物を置く、配置するということでしたね。きれいに片づけられた状態を維持するには、整理だけでなく整頓もしなければいけません。つまり、整頓することが維持につながるというわけです。

この整頓も仕事に影響を与えます。それについて説明をする前に、どうすれば整頓された状態をキープできるのか、そのコツをご紹介しましょう。

きれいな状態を維持するために、日頃気をつける3つの鉄則があります。

① 使ったらすぐしまう

② しまう場所を決める

③ 減らす

例えばデスクの上をきれいに維持するには、①の「使ったらすぐしまう」を常にやり続ければよいわけです。

ところが、多くの人が使ったらすぐしまえばよいことをわかっているのに、習慣化できない。

なぜなら②ができていない状態、つまり「しまう場所が、きちんと決められていない」からです。

使ったものをその都度どこかに置き、せっかく片づけたのに散らかっていく。そのため仕事をしようとしても、実務の前に探し物をしたりして、仕事効率が下がる。

まさしく**負のスパイラル**です。

このようにならないためにも、物の置き場所を決めて、使ったら元の場所に戻すという単純な行為を、常に心がけるようにしてください。

そしてもうひとつ重要なのが、③の「減らす」です。

「すぐにしまおう」という意識があり、しまう場所をしっかり決めていても、そこに物がギッシリ入っていて、容量オーバーだと、しまうことができませんよね。

仕事をしていると知らず知らずのうちに、ボールペンの数が増えていたり、いずれ使うだろうからと、ポストイットやクリップをとっておいたりしがちです。

気がつくと、またデスクは物で溢れかえっているという状態に。

これではせっかく整理整頓しても元の木阿弥ですし、仕事効率も悪くなります。

ですから**デスクをきれいな状態に保つには、物を増やさない**ということも、常に念頭に置いておいてください。

維持の3つの鉄則は仕事に役立つ

先ほどの項目で記した、「きれいな状態を維持するための3つの鉄則」を守り続けることは、仕事への姿勢や人間性にも影響してきます。

私がコンサルティングをしてきた中で、次のような法則を発見しました。

それは**「使ったらすぐしまう」を日々心がけている人は、上司や周りの人からのとっさの依頼にも、すぐ対応できる人**だということです。

逆に**周りからの依頼などに、「ちょっと待ってください」を連発する人は、使ったらすぐしまうという行為が、ちゃんとできていない人**が多かったのです。

これらの対応は、信頼や評価を損なうばかりでなく、新たな仕事に取り組めるチャンスを失うことにもなりかねません。

では、なぜこのような人間性の違いになったのか。私が分析するに、使った物をすぐにしまうという行為の繰り返しは、すぐに対応できる力につながっているのではないかと考えています。

常に身の回りを整えて、どんな依頼にもすぐに対応できるのは、理想的なビジネスの進め方です。現代は仕事の確実さも重要ですが、それ以上に「スピード」が求められている時代。

日々の**「すぐにしまう」という行為が、ある意味、対応力の訓練になっている**のではないでしょうか。

「しまう場所を決める」というのも、普段の仕事に大きな影響を与えています。

これができる人は、イレギュラーな対応に強いという傾向があるのです。

「物の置き場所をきちんと決められる」人は、頭の中もスッキリとクリアで、ほかに必要な物を入れなければいけない場合でも、それを受け入れられるだけのキャパシティがあるのです。

反対に物の置き場を決めていない人は、デスク周りに物が溢れているように、頭の中もぎっしりと何かが埋まったような状態で、新しい仕事を受け入れる余地がありません。しかも中から何かを取り出したくても、まず「探す」行為から入るので、瞬時に物が取り出せない。

つまり、しまう場所をしっかり決めることは、あなたがいつでも次の行動を起こせる準備ができているということなのです。

「減らす」ことができる人は、仕事の優先順位を考えて行動できる人だと、先にも書きました。

今現在の自分に必要な物だけを身の回りに置き、効率よく仕事ができる人です。

減らす判断がつかない書類や物が出てきたときには、そこで考え込まずにしかるべき人に確認をとるなどして判断を仰ぎましょう。

ちょっとした普段からの心がけが、あなた自身を常にスッキリとクリアにしてくれます。

片づけは場所を限定して短時間で行う

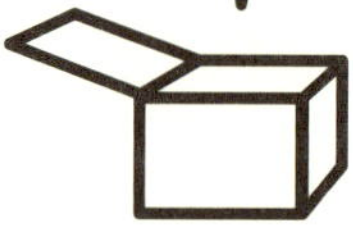

ここまで読んで「片づけは大切だ。実行しよう」と思った人は少なくないのではないでしょうか。

しかし中には、気持ちはあっても行動が伴わないという人がいます。

片づけというと、ついだれでも「まとめていっぺんに」やってしまおうという気持ちが働くもの。実はその**「まとめていっぺんに」という気持ちが、あなたを片づけから遠ざけてしまっている**のです。

片づけがなかなかできない、あるいは片づけてもすぐに元の状態に戻ってしまう。

そういう場合は、片づけを習慣化させる必要があります。

ここでは片づけを習慣として行えるように、場所を限定して短時間で行う方法をご紹介します。

場所を限定すると片づけが継続できる

なぜ「まとめていっぺんに」というのが効果的でないのかというと、大きなスペースを一気に片づけようとすると、それだけで心理的なハードルが高くなって、取りかかる段階で挫折してしまう可能性が出てくるからです。

また、幸いにして実際に片づけに取りかかれたとしても、片づけるスペースが広すぎると、作業そのものが大変で、ここでも途中で挫折する可能性が高くなります。

そうなると、片づけに対する苦手意識や煩わしさだけが残ることになり、なかなか良い結果を得ることができません。

ですから、「まとめていっぺんに」ではなく、場所を限定して少しずつ片づけるようにしましょう。

たとえ物が散乱していても、場所を限定すれば心理的なハードルが低くなるので、すぐに片づけようという気持ちに切り替わりやすくなります。

また実際に片づけを始めても、ほかの場所にぶれることなく、集中して一か所に取り組めます。

一か所、一か所終わらせていくことができるようになると、少しずつ片づけに対する苦手意識から解放され、不思議なことに楽しさも生まれてくるのです。

最後に片づけ終わった場所を眺めて、爽快感と達成感を味わうことすらできる。

片づけができないと相談に訪れる人の大部分が、この達成感を得ることで、「次もやろう」という意識になり、片づけを継続できるきっかけになっているのです。

短時間で行うと片づけは効果的

片づけは「15分=1セット」として短時間で行うと効果的です。

なぜなら片づけを長時間やるのは、マイナス面ばかりだからです。

例えばマイナス要素のひとつとして、長時間片づけていると、体力的に疲れてしまうということが挙げられます。

いっぺんにやりすぎた結果疲れると、しばらく片づけたくなくなってしまいます。

以前、私の知り合いで、1年に2回しか片づけをしないという人がいました。彼の片づけ方は半年に1回、とことん丸一日かけて一気に片づけるのです。

しかも片づけて3日たつと散らかり始めるのですが、一気に片づけた大変さから、心理的に「もうしばらく片づけたくない」という気持ちが働き、まったく片づけることなく、そのまま半年間は足の踏み場もない部屋になってしまうということなのです。

つまり、1年のうち3日間×2＝6日間しかきれいな状態ではないのです。

これは極端な例かもしれませんが、片づけを長時間で一気に行うことはまったく効果的ではないと言えます。

では逆に片づけを短時間で行うと、どのような効果を得られるのでしょうか。

まず、仕事全般のメリハリが生まれてきます。

例えば朝の仕事の前や、仕事と仕事の間に15分の片づけをすると、気分転換にもなるし、デスク周りは常に使いやすい状態をキープすることができ、仕事が断然しやすくなるのです。

また、短時間で片づけるクセをつけるように意識することで、片づけ効率がどんどん上がってきます。

コンサルティングのときに、一枚の書類が必要か不要かを判断する、ちょっとしたトレーニングのようなことをやっているのですが、そのとき制限時間を15秒と設定しています。

人は時間を区切ることで、判断能力が高まっていくからです。

✧片づけが習慣化するポイント

きれいな状態を維持するには、

1 使ったらすぐしまう

2 しまう場所を決めておく

3 物の量を増やさない＝減らす

この3つを毎日少しずつやろう

しかし……、
デスク周辺に物が散乱している人は、

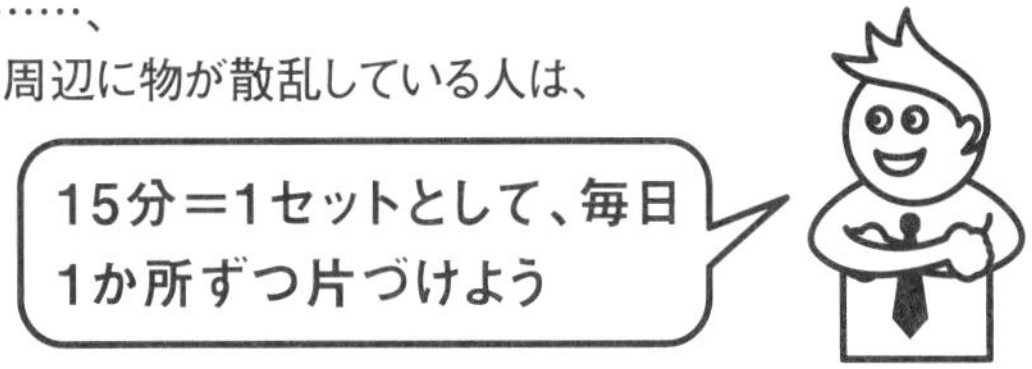
15分＝1セットとして、毎日
1か所ずつ片づけよう

さらに、

きれいになったら、1日15分、
時間を決めて片づけよう

15秒という時間が長いか短いかは、人によって感じ方が違うと思います。
しかしこの**15秒の中で、ある判断を下すということを、ビジネスの日常の中で繰り返していけば、普段より集中して判断しようという気持ちが働いて、確実に判断能力はアップします。**

仕事力を培うトレーニングとして、また常に働きやすい環境を維持するために、ぜひ「15分＝1セット」の片づけを、ビジネスタイムに取り入れてみてください。

増やさない仕組みやマイルールをつくる

片づいた状態を維持するためには、日々、短時間の片づけを実践するのが大切だと書きました。

実はもうひとつ、重要なポイントがあります。

それは個人のクセ。

着目すべき点は、何が原因でこの散らかった状況がつくり出されたか、ということ。

人は、何かが起きてから初めて、それに対処するために行動します。

しかし大切なのは、何かが起きる前に、起きないようにすること。

さんざん散らかってから、大変な思いをして片づけるより、**自分に合った物を増やさない仕組みやルールをつくり、目の前に書類や本が散らかることを未然に防ぐ**ようにしたほうが、ずいぶんと心理的に楽に片づけられるのです。

自分のクセを知り、「真逆の行動」を続ける

デスクをいつもきれいに維持するために、自分に合った仕組みやルールをつくるとしたら、どんな方法にしますか？

1冊新しい本が増えたら、古い本を1冊捨てる、あるいは1年使わなかった書類は手放すなど、いろいろなルールを考えることができるでしょう。

私がおすすめしたいのは、**自分自身の片づけのクセをよく把握して、その逆の行動をとるような仕組みやルールにする**ということです。

例えば、あなたは典型的なリバウンド型で、デスクの上を片づけても、気がついたら書類や文具が出しっぱなしになってしまうとしましょう。

そういう場合に適用するとよいルールは、1日2回、ランチ前と帰宅前にデスクの上にある物をすべていったんしまって、デスク上は何もなしにするというものです。

これができれば、次はその都度使ったらすぐしまうという行動を、習慣づければよいのです。

またデスクの上はある程度きれいだけど、気がついたら引出しや、足元が書類でいっぱいという人がいます。

この「隠れリバウンドタイプ」の人は、一見物が増えていないように表面上うまく見せることができる達人ですが、実は同時に社内の至るところに自分の物を隠している人とも言えます。

こういう人は、書類や物が自分の元に入ってきたら、それを所定の位置に置く前に不要な物は処分し、必要な物だけを置くようにすればいいのです。

このように、自分のクセと反対の行動をとり続けること。

私はこの行動を「真逆の行動」と呼んでいます。

「真逆の行動」をとり続けることで、徐々にあなたはそれが習慣化し、デスクの上の置きっぱなしの山は現れなくなるでしょう。

「真逆の行動」を21日間続けてみる

「真逆の行動」を習慣化させるには、まず21日間、継続して行ってください。

しかし、あれもこれもすべてを21日間続けようとすると、また途中で挫折してしまいます。そのために、やると決めた行動のうち一つだけを、まず21日間＝3週間続けてやってみましょう。

おそらく、1週目は「やると決めたので、しょうがなくやる」という、かなり無理がある状態になると思います。大変かもしれませんが、頑張ってください。

2週目はあなたに少し変化が表れます。「やり忘れるとちょっと気持ちが悪い」という心境です。

そして3週目は、自然に行動を起こしている自分に気づくことでしょう。

21日間の継続と聞くと、「絶対に無理だ」と思う人もいるかもしれません。でもたった一つのことを続ける、というところから始めてもいいので、ぜひ挑戦してみてください。

1週間を過ぎたあたりから、確実に自分の中で何かが変化していくのがわかるはずです。そして21日たった頃には、片づけに対する意識も、仕事への取り組み方もまったく別人のようになっているはずです。

片づけられる人の習慣と片づけられない人の習慣

よく片づけが苦手な人から、「片づけられない人には、生活や仕事でどんなクセや特徴がありますか？」という質問を受けます。

ここではその答えについて、考えてみたいと思います。

正のスパイラルと負のスパイラル

片づけが苦手な人は、よく「忙しくて、片づける時間がありません」と言っています。でも私に言わせると「片づけないから、忙しくて時間がない」のです。

「忙しくて片づける時間がない」人は、次のような負のスパイラルに陥っていると言えます。

仕事が忙しい
←片づける時間がない
←片づけないからより散らかる
←いつも物を探している
←時間をロスする
←時間がない
←仕事が忙しい

最後は、スタートの「仕事が忙しい」に戻ってしまいましたね。このように、日々身の回りが散らかり続けることで、時間欠乏症に陥ってしまうわけです。

逆に、片づけが得意な人からは、よく「片づけが嫌いなので、できるだけ片づけなくてすむように仕組みや決め事をつくっています」という言葉を聞きます。

片づけができている人から、この言葉を耳にするのは意外かもしれませんが、これは、しっかりと正のスパイラルに入っているということの表れでもあります。

正のスパイラルとは、

いつも時間に余裕がある

←

片づける時間がある

←いつも身の回りがスッキリ片づいている
←物を探す時間が最小限ですむ
←いつも時間に余裕がある

このスパイラルを繰り返しているので、どんどん片づける時間が短縮していくということなのです。正のスパイラルと負のスパイラル、どちらに今自分がいるのかを日々振り返るようにしてください。

「じょうご」の向きで仕事のパフォーマンスが変わる

片づけが苦手な人には、もうひとつ特徴があります。
それは、いつも目の前の散らかった状況を何とかしようとは考えるのですが、その原因まで遡って考えることがあまりないということです。

これを「じょうご」の例で説明したいと思います。


片づけが苦手な人は、187ページの図のように「じょうご」の先が下を向いた状態になっているようです。「間口が広く、出口が狭い」ということ。

つまり、書類や物がとめどなくデスクや引出しに集まってどんどんたまり、それらのほとんどが外に出ていかず、減りづらい状況になっているのが特徴です。


一方、片づけが得意な人は、「じょうご」の先が上を向いた状態にあります。「間口が狭く、出口が広い」のです。

書類や物を受け取ったり届いたりしたときに、すぐその場で要・不要を判断し、不要な物は処分しているのです。しかも不要な書類や物が入ってこないように、事前に「本から絶つ」ことを実行しているのです。

この「じょうご」の先が下を向いているか、上を向いているかは、あなたの仕事にも連動しています。

✧『物』の正しい取り入れ方

■じょうごの形に例えると

Very Good!!	Good!	Bad!
間口が広く、出口も広いタイプ	**間口が狭く、出口が広いタイプ**	**間口が広く、出口が狭いタイプ**
↓	↓	↓
多くの物を取り込むキャパシティがありながら、「要」「不要」の判断を瞬時に下し、自分に必要な最良の物だけを残す	物を受け取ったときに、「要」「不要」を判断し、不要な物は入ってこないようにする	物がとめどなく入ってきて、デスクや引出しにどんどんたまっていく
⬇	⬇	⬇
理想的な片づけ上手な人	**片づけが得意な人**	**片づけが苦手な人**

日々入ってくる新しい仕事や情報の受け入れ、排除する態勢（仕組みやルール）の整え方がそれで、「じょうご」の先を上に向けるように心がけるだけで、あなたの仕事のパフォーマンスも上がっていくのです。

先が上を向いた「じょうご」よりも、さらに理想的な形は「間口が広く、出口も広い」タイプのもの。

こうなるともう「じょうご」ではありませんが、このタイプが仕事でも片づけでもベストです。

仕事では、毎日多くの情報や自社あるいは他社の関係者の声などが、同時に複数集まってきます。

それらをいったんすべて取り込んで、すぐに要・不要の判断を瞬時に下し、ビジネスの仕上がりが最高の形になるために、本当に必要な人、物、事だけを残しておく。

これができるようになれば、確実に仕事力は上がります。

日々の片づけを通して、こういったビジネス上とても有効な態勢や、心構えを築き直すことができます。

まず手始めに、デスク上の整理に着手してください。

21日後に、別人になった自分自身を発見できるでしょう。

おわりに

最後まで本書をお読みいただきありがとうございました。
この本を読み終えた多くの方には「片づけって、簡単なんだ！」と感じていただけたのではないでしょうか？

まだまだ一般的には、片づけは面倒くさい、いつかまとめてやろう、できればやりたくないと思っている人も多いかもしれませんが、いざ取り組んでみると結果が出やすく即効性があり、しかも片づけた成果が目に見えてわかるものです。
そのため、デスクを片づけた結果、最近仕事では得られなかった達成感を味わって、仕事に取り組む勇気や元気をもらったという人もいます。

さらに以前ある社長から、「最初は、片づけとはただデスクやオフィスをきれいにする行為だと思っていたのに、いざ実際にやってみると、仕事の効率が格段にアップしたり、社員の仕事に対する意識そのものが変わったりと、〝片づけを通じて〟たくさんの成果を得られました」と喜びの声をいただいたことがありました。

この本を手にしているあなたもぜひ、片づけを単なる片づけに終わらせず、片づけを通じて、仕事そして、あなたの人生に益々大きな成果が手に入りますよう、ぜひこれからも片づけを継続して行ってください！

最後に、本書の執筆にご協力いただきましたコミュニケーション・ディレクターの大町俊輔さん、編集で大変お世話になりましたマガジンハウスの米谷さん、いつも公私ともにサポートしてくれている妻伸子、そして、この本の制作にご尽力いただいたすべての方にこの場を借りて、心より感謝申し上げます。

２０１０年６月

かたづけ士　小松易

小松 易（こまつ・やすし）

日本初のかたづけ士。1969 年生まれ。高崎経済大学在学中に交換留学で行ったアイルランドで「トランク1つで生活できる!」ことに衝撃を受けて帰国。以来、モノとヒトの関係を探求し始める。㈱フジタ退社後の 2005 年9月、片づけられない人、片づけがちょっと苦手な人、自分の部屋を片づけたら人生がスッキリするとわかっているのになかなか始められない人向けに、個人カウンセリング&コーチングを提供する、かたづけコンサルティングを「スッキリ・ラボ」として銀座で開業。現在は、個人や企業向けにコンサルティング、セミナー、講演などを行ない、今まで延べ2000人以上に片づけ指南をしてきた。また、かたづけ士としての活動が、テレビ東京「ガイアの夜明け」、NHK「ドキュメント20min」「めざせ!会社の星」などに取り上げられ、反響を呼ぶ。著書に『たった1分で人生が変わる　片づけの習慣』（中経出版）、『1分から始める 魔法のかたづけ収納術』（PHP研究所）がある。

この度は本書を読んでくださいまして、
ありがとうございます。

お礼に音声にて、さらに知っていると
便利な片づけの極意をお伝えします。

下記へアクセスしてください。
http://www.sukkirilab.com/magazinevoice

超・オフィス整理術

仕事ができる人はなぜデスクがきれいなのか

2010 年6月 24 日　第 1 刷発行

著　者――――――小松　易
発行者――――――石﨑　孟
発行所――――――株式会社マガジンハウス
〒104-8003　東京都中央区銀座 3-13-10
受注センター　☎ 049-275-1811
書籍編集部　☎ 03-3545-7030
印刷・製本所　――――大日本印刷株式会社

ISBN 978-4-8387-2121-4　C0034
乱丁本、落丁本は小社出版営業部宛にお送りください。
送料小社負担にてお取り替えいたします。定価はカバーと帯に表示してあります。

マガジンハウスのホームページ　http://magazineworld.jp/